神さまはすぐやる人が大好き。

3秒で自分を動かし、
人生が好転する
「行動力」の魔法

赤塚智高
tommy

すばる舎

〔はじめに〕すぐやれない人が、別人になったようにすぐやる人になる方法

わたしには、人間関係におけるストレスが全くありません。

こんなことを書くと、この本は人間関係の本と勘違いされてしまいそうですが、そうではありません。

この本は「行動力の本」です。

ですが、この本の内容を、あなた自身が突き詰めた先には、**ストレスフリーに限りなく近い人生が待っている。**

それをお伝えしたくて、冒頭にこんな話をしました。

「ズボラでめんどくさがりで、やる気が出ない」

「やろうと思っているけどグズグズして、時間ばかりが過ぎていく」

「先延ばし、先送りばかりで物事が一向に進まない」

「やる気はあるけど、体が動かない」

「のんびり屋さんと言われ、いつも行動が遅い」

……というように、多くの人が、行動力がないことで悩んでいます。あなたもその一人ではないでしょうか？

「あの人みたいにもっと動けたらなぁ」

自分よりもすぐやる人、結果を出している人、幸せな人生を歩んでいる人を見て比較し、凹んでしまっている人もいるでしょう。

「行動力さえあれば、わたしの人生もっとうまくいくのに……」

そう思っている人もいるかもしれません。

この本は、そんな人がまるで別人になったかのように、すぐやる人へ生まれ変わるための本です。

結論から言います。

行動力を上げ、「すぐやる人」になる方法。

それは「できないことは人にまかせ、得意なこと、好きなことに集中する」。

これだけです。

これから本書でお伝えすることを意識していただければ、**あなたは必ず「すぐやる人」になれます。**

すぐやる人になれば、日常が楽しくなり、日々の小さな幸せを実感できます。

職場や家族、恋人、友人、パートナーとの関係性がよくなり、「やる」と決めたこと、「やりたい！」と思ったことを、すぐ実行できるようになるのです。

すぐやる人の人生は別世界です。

あらゆる願いがすぐやることで叶っていきます。

これまでの人生がまるでモノクロームだったかのように、**大好きな人に囲まれ、**

お金やチャンスがめぐり、嫌な人がいなくなり、彩り豊かな人生になります。

本編で詳しく解説しますが、「神さまはすぐやる人が大好き」です。

すぐやる自分になることで、まるで神さまが味方してくれるかのように、幸運が舞い込み、あなたの人生は大きく変わります。

とはいえ、すぐやる人は特別な人ではありません。

「すぐやる人の考え方」「ちょっとしたコツ」を日々、心がけているだけです。そしてそれは、誰にでもできる簡単なものばかりです。

本書は、いわゆるエリートや元々バイタリティにあふれた人向けに書いたものではありません。

さらに言うならば、よくある「海外の有名大学の講師が教える○○○」のような「ちゃんとした人が書いたちゃんとした本」でもありません。

人並みの家庭に生まれ、人並みの生活、人並みの人生を送ってきた人間（少しだけ波乱万丈かもしれませんが）が、等身大で書いた行動力の本です。

おかげさまで7つのオンラインサロンをプロデュースするなど、現在は充実した日々を送っていますが、冒頭に書いたようにわたしにはストレスが全くありません。毎日十分なほど睡眠はとっていますし、大好きな仲間と一緒に過ごす時間もたっぷりあります。「ごめん仕事だから……」といって、家族や友人の誘いを断ることもほとんどありません。

それができるのは、この本に書いた「すぐやる方法」を徹底して生きてきたからです。

冒頭でお話しした、人間関係のストレスがない理由の答えを先に言ってしまうと、今のわたしの**半径3メートルの人間関係には、わたしと同じように、すぐやる人しかいない**からなのです。

人間関係のトラブルでよく言われるのは、話が合わない、価値観が合わないなどではないでしょうか？

ですが、実は、特に仕事や恋愛のシーンで一番トラブルが起きやすいのは、

「スピードが合わないから」

です。

あなたの周りにもいませんか？

すぐやらないだけで、チャンスが目の前を通り過ぎた人、信用・信頼を失ってしまった人……。

この本で詳しく解説しますが、**人生は「スピードファースト」**です。すぐやる自分になることで、チャンスや出会いが増え、いいことがいっぱい起きるようになります。

ただ、あなたもお気づきのように、早ければいいというわけではありません。誰もがスポーツカーになる必要はありませんし、自分自身に合ったスピードを知り、すぐやる自分で生きることが大切です。

人生とは行動の積み重ねです。すぐやるということは、あなたの人生に何かしらの結果が生まれることを意味します。

ただ、これまであった行動力の本やセミナーのように、単にこうしたらよいよ、というテクニックだけでは、すぐやる人になり、それを続けることなんて決してできません。

あなたが、すぐやる人になれるかどうかを決めるのは、

あなた自身の「あり方」

です。

なので、すぐやる自分になるためのテクニック（もちろん本書でもいくつかはご紹介します）だけを知りたい方には、この本は向いていません。

一方で、すぐやる自分になるために、これまでの自分を振り返り、マインド部分から変えていきたい、人生を変えたいと思う方にとって、この本はかなり参考になるのではないかと思います。

人生がうまくいっている人は間違いなく、すぐやる人です。そして、自分が好きな人、大切な人と一緒に幸せな日常を過ごしています。すぐやる自分になったとき、

あなたが孤独か幸せかを決めるのもあなた自身の「あり方」です。
わたしは本書の著者として、あなたには「幸せなすぐやる人」になってほしいなと思っています。

神さまはすぐやる人が大好き。
この言葉の真意は、この本にすべて書きました。
あなたがすぐやる人になれば、人生は今からいくらでも変えることができます。
この先を読み進める前に、あなたにぜひ決めてほしいと思います。
あなたはこの本を読み終えたあとから、「すぐやる人」に生まれ変わることを。
そして、断言しましょう。
すぐやる人になれば、毎日がハッピーになることを。

第1章 「行動力」はメンタルが9割

第2章 「小さな1歩」からはじめなさい

第3章 すぐやる人は「甘え上手」

第4章 「好きな人」に囲まれると、行動力は上がる

第5章　人生は「すぐやる人」に味方する

企画協力　：ブックオリティ
装丁　：小口翔平＋阿部早紀子（tobufune）
本文デザイン：鈴木大輔・江﨑輝海（ソウルデザイン）
DTP　：野中賢（システムタンク）

第1章

「行動力」はメンタルが9割

01 自分の欠点を否定しなくていい

すぐやる人はメンタルが9割

完璧な人間なんていない。

すぐやる人になるにおいて、まず最初に覚えておいてほしい事実です。

いつもエネルギッシュに行動しているような人、頭脳明晰《めいせき》で隙《すき》がないような人でも、実際は誰もが欠点を抱えて生きています。

では、そんな人たちと行動できない人たちの間には、どんな違いがあるのでしょうか？

それは、

自分の欠点を認めているか、いないか

です。

わたしのビジネスパートナーのある女性は、周りから「エネルギーモンスター」と呼ばれるほど、エネルギッシュな女性ですが、彼女は片づけというものが全くできません。

それでも、彼女はそんな**自分に×をつけることなく、できないことは人に頼る、を徹底して、自分は自分ができることに**毎日全力で取り組んでいます。

ここであなたに質問です。

あなたの欠点はどんなものですか？

人に言えること、言えないこと、あると思いますが、ぜひ、考えてみてください。

少し恥ずかしいのですが、わたしの欠点をざっと書いてみます。

トマトが苦手、語彙《ごい》力があまりない、飲みすぎると記憶をなくす、物事を体系的にまとめられない、お金の計算が苦手、嫌なことはすぐ顔に出る、嫌いな人とは5分以上一緒にいられない、人生計画がない、言ったことをすぐ忘れる……。

ざっと見ると社会生活不適合感が否めませんが（笑）、もしこれだけの欠点を真に受けて他人と比較し、自分に自信をなくしてしまったら、わたしの行動力は失われてしまうでしょう。

ですが、これらの欠点は今では、わたしの魅力だと心から思えるようになりました。

欠点が魅力に変われば、うまくいく

人は誰もがいびつな存在です。
あえて完璧に生まれてこなかったことで、欠点を埋めるために人のチカラが必要になり、他力が働き、物事がうまくいく。

欠点を認め、できないことは人にまかせる。
あなたはあなたができること、やりたいことだけをやる。

これができるとあなたは、すぐやる人になれます。やれること、好きなことだけをやるのですから、当たり前ですね。

では、どうすれば自分の欠点を否定しない自分になれるのか?
それは、**あなたの欠点を受け入れてくれる人と付き合う**ことです。
そのために必要な最初の1歩は、**本音で付き合う**、ということです。

相手に自分の本音を伝えること、それには伝え方のコツもありますが、今の時代、本音で付き合えない人と時間を共にすることで得られる恩恵は何もありません。

逆に、本音で付き合える人、あなたが付き合いたいと思う人は、あなたの人生にとって必要な人なはずです。

あなたの欠点はあなたの周りの誰かにとっては、魅力であり、磁石のようなものです。それがあるからあなたを応援したくなるのです。

3秒ですぐやる人になるコツ
01

欠点を認め、できないことは人にまかせる

02

完璧じゃなくていい

完璧を求めると、行動のスピードが遅くなる

すぐやる人になるために最も邪魔になるのが「完璧主義」です。

今の時代は、完璧であることのほうが、リスクがある時代です。

一つのことに執着すること、カタチあるものしか信じない。何かを決めるときに、その道を行く誰かの事例を確認しなければ、エビデンスがなければ、自分で答えを出してすぐやることができない。

これらはすべて、完璧主義を内在する人の傾向です。

完璧な準備、完璧なタイミング、完璧な人間関係などありません。この世界、わたしたちを囲むすべては未完成であり、それが普通でそれでいいのです。最初にはじめた誰かと、それを引き継いで継続し続けてきた完璧でない人たちが紡ぐストーリーに価値があるのです。

完璧を求めると、行動のスピードが遅くなるばかりではなく、1歩を踏み出すことすらできなくなってしまいます。

なぜなら、完璧主義な人は、完璧な1歩を求めるからです。

ある大手の商社に勤めている、わたしの友人の話です。今から6年前の話ですが、彼から起業したいと相談を受けました。

子どもの頃から知っている友人なので、彼の才能やポテンシャルはよくわかっていましたし、根性もあるので、わたしは彼にこう伝えました。

「まあ、○○ならうまくいくよ。とりあえず、家庭もあるし、今の収入も大事だから、働きながらネットで起業すれば？」


そのあと、かなり細かい部分のやり方まで彼には伝えました。

あれから、6年経っていますが、彼はまだ起業していません。


すぐやる人になるために必要なのは、**タイミングは自分で決める**ということです。

何かをはじめるタイミング、何かを終わらせるタイミングも誰かのアドバイスに依存するのではなく、自分で決めるのです。

大切なのは決めたあとです。決めたことをすぐやることで、得られるものは成功だけとは限りませんが、うまくいかなかったことも、後にかけがえのない経験として返ってきます。

完璧主義をやめる、とっておきのコツ

とは言っても、完璧主義をやめられないから困っているんだという人もいるでしょう。

そこで、完璧主義をやめるコツをお伝えしたいと思います。

それは、

「うまくやろうとしないこと」

です。

「なんだそんなことか」と思うかもしれませんが、このマインドをインストールす

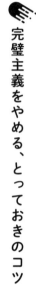

ると、あっというまにすぐやる人に変わることができます。

物事をすぐはじめることのできない人の頭の中は、「うまくいかせたい」「成功させたい」でいっぱいです。

みんな、失敗したくないのです。

そして、それをもし失敗すると、とんでもないことになってしまう、人生が終わってしまう、そう思っている方もいます。

大丈夫です。

それらはすべて、思い込みです。

この本のタイトルを覚えていますか？

『神さまはすぐやる人が大好き。』

です。

わたし自身の経験や身近な仲間、偉人に至るまで、つぶさに観察・研究してきて確信していることは、すぐやる人は、たとえ窮地に立たされたとしても、神さまが味方しているのではないかというくらい、100%、復活できるということです。

すぐやる人は、うまくやろうと思っていません。

もっと正確に言うと、これまでの人生の中で、やったことがすべてうまくいくわけではないことを知っているのです。

たとえば、何か新しいことをはじめる。起業したり、恋人ができたりする。自分の中では、間違いないと思ってはじめたことも、いざ進めていくとそうではなかった、勘違いだったなんてことはざらにあります。

今となっては笑い話ですが、神さまのいたずらかと思えるほど、少しヘビーなわたしの実体験をお話ししましょう。少し長くなりますが、お付き合いください。

わたしはこれまで14年間の経営人生の中で、会社を8つ起ち上げましたが、そのうち1社は売上0で借金2000万円だけが残るという経験をしました。

その会社は美容クリームの販売のため起ち上げたのですが、なんと製造元が取引中に行方をくらましてしまったのです。

製造元の社長は70歳で、人間的にも素晴らしい方だとそのときのわたしには映っていたので、すべてを信じきって、すぐに契約を交わしてしまいました。

結果的に、購入予定の美容クリーム2000個は手元には届かず、ただただ、2000万円の借金だけが残ったのです。

今すぐ払える金額は、当時1200万円でした。残り800万円がわたし個人の借金となりました。

振り返ると、すぐに人を信じすぎる悪い癖が出てしまった結果でしたが、さすがにあのときは、目の前が真っ暗になりました。

この事件から数日は電車に乗っても、降りる駅を間違えたり、誰からの連絡も怖くて返せなくなったり、かなり危険な精神状態だったと思います。

このままだと最悪のことまで考えてしまう、なんとかしなければならない……。絶望的な状況の中でも、うまく言えませんが、もうひとりの自分が「今できる1歩を動け」と囁《ささや》いているような気がしました。

手元にも本当にお金がなくなってしまったので（実際、全財産は49円でした）、当時のわたしにできる復活のための最初の1歩は、妻に5000円を借りることでした。

最大のピンチは変わらずでしたが、ほんの少しだけ心が落ち着きました。

整っている状態で間髪入れず行動する

その5000円で最初にやったことが1冊の本を買うことでした。

真っ黄色の装丁に、真っ赤な帯で、真ん中にはメガネをかけた男性。『破天荒フェニックス』（田中修治著、幻冬舎）というその本は、潰れかけのメガネ屋さんを買い取った若者が、会社を再生させるまでのリアルを描いた、小説風ビジネス書でした。

信じられないくらいのトラブルを毎回危機一髪で乗り越える主人公と社内メンバー。当時のわたしにとって涙なしに読むことはできませんでした。

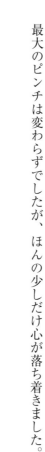

この本の購入代で1728円（当時の税込価格）を使ったことで、気持ちがだいぶ楽になりました。そして大切なのはこのタイミングだということは、これまでの経験上わかっていました。

そのタイミングとは、「**やる気になったときにすぐやる**」ということです。

どんなにピンチが訪れても、ずっと沈んでいる状態はありえません。必ずどこかで浮上するためのタイミングが来ます。それは、マイナスから0に気分が戻ったときです。

ただ、どんな状況でも意識していたのは、「**整ったらすぐやる**」でした。

正直な話、どんなにがんばっても、気分が落ちているときに1歩踏み出すことは簡単なことではありません。また、そんな状態で無理して踏み出した1歩がもたらす結果の大半は、傷口が悪化するように、ろくなことにはなりません。

だからこそ、大切なのは、気分をチェックすることです。

状況は全く変わっていないけれど、気分が楽なとき、穏やかなとき、それを感じたら、「すぐやる」と自分の中でルール決めをすることなのです。

今回の場合、本を読んで気持ちが整った瞬間、わたしがやったことは、ビジネスコンサルのクライアントを募集することでした。

かっこつけず、事実だけを淡々と書いた告知文を見て、身近な友人たちが申し込みをしてくれました。

結果的に3日で100万円近い売上が上がり、復活することができました。

どん底だからこそ、たくさんのことに気づけました。

それは、わたしの周りにはとっても温かい心を持つ仲間がいたということです。

こうした仲間たちがいるのなら、どんなどん底からでも復活できると確信することができました。

すぐやる自分になれば、幸せになれる

ピンチとチャンスは表裏一体です。

どう考えてもピンチでしかない、そんな状況でも、すぐに行動を起こすことで、チャンスに気づくことができます。

お金が底をついたどん底状態のわたしが気づいたのは、心から応援してくれる仲間の存在とそんな恩人たちに対する強烈な恩返しの思いでした。

これがわたし自身の行動の原動力なんだということに気づいたのです。

その後、わたし自身が得意なプロデュース力を使い、恩返しをしたい思いではじめたのが、オンラインサロン（インターネット上のコミュニティ）でした。

当時助けてくれた、仲間がサロンオーナーとなり、今では7つのオンラインサロンを運営しています。

あなたにもピンチと言える事態がやってくることがあると思います。

でも、そこには必ず、あなたの人生を飛躍させるためだったり、大切な何かを思い出させてくれるチャンスの種が眠っています。

それを発芽させ、花を咲かせるためにできることがあります。

それが、**「ふと、浮かんだことをすぐやる」**ことです。

そうすると面白いくらいに現実が好転していきます。

想像とは全く違う角度から、応援や助け舟がやってきたりするのです。

「すぐやる」、その行為の対価はうまくいかないかもしれません。

ですが、「すぐやる」を実践して得たものは、人生トータルで、必ず役に立ちます。

繰り返しますが、必ず、です。

完璧主義な自分を卒業して、すぐやる自分になれば、人生トータルで確実に幸せな生き方ができます。

3秒ですぐやる人になるコツ 02

完璧主義をやめて、今できることからはじめてみる

03

あなたはすでに「すぐやる人」

すぐやる人には、必ずなれる

今はスーパーマンのようにバイタリティに溢れ、アクティブな人でも、以前はなかなかやりたいことをやれず、行動しようとすると腰が重く、そんな自分が嫌いになって、落ち込む、そんな日々を経験しています。

ここでは、身近な誰かと比較したり、なかなか行動できなかったりして、自分が嫌になりそうなあなたに対し、わたしからエールを贈りたいと思います。

もしも、あなたが今、行動できないで悩んでいるとしても大丈夫。

あなたも必ず、すぐやる人になって、今よりさらに豊かな人生を送ることができます！

この本には、わたし自身の経験だけでなく、これまでコンサルティングをしてきた２２００人以上のクライアントさんのデータから、すぐやる自分になるために大切なことをまとめました。

行動力のバイブル本としてこの本を活用していただければ、あなたの人生に遅かれ早かれブレークスルーが起きるでしょう。

実は、誰もが行動している

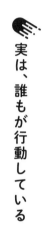

人は必ず、成長する生き物です。

自分では何も変わらないと思っていても、周りから見ると、変わった、成長したと評価を受けることなんてざらにあります。

なんか最近、肌綺麗になった？

痩せた？

こう言われるということは、あなたは何かしらの行動を起こして変化した証拠です。

あなたが女性だとして、ひょっとすると、食べるものを、意識的に気をつけていたかもしれませんし、今あなたには好きな人がいるのかもしれません。

科学的に証明されているかはわかりませんが、「ときめき」がその人をさらに美しくすることは、わたしの周りの友人たちを見ても間違いないと思います。

その「ときめき」を得るために、あなたは何かしらの行動をとったということです。

ある特定の何かにおいて、動けない、すぐやれないと思っている人でも、他のことでは誰もが行動しているのです。

すぐやる人になる＝自分を認めること

すぐやる人になるということは、「自分を認めること」と同義です。なぜなら、**あなたは最初からすぐやる人**だからです。

この本を通じて、あらゆる面ですぐやる人になることと同時に、**あなたは元々、すぐやる人だったということを思い出していただきたい**なと思います。

昨今、流行っている「自己肯定感」という言葉ですが、それを上げる手っ取り早い方法は、

「本来の自分」を思い出す

ことです。

あなたはすでに、すぐやる人なので、それを一緒に思い出していきましょう。

大丈夫、あなたはすでに、すぐやる人ですから。

3秒で
すぐやる人に
なるコツ
03

あなたはすでに「すぐやる人」。あとは、それを思い出すだけ

04 行動力はテクニックよりメンタル

ナニよりもコレが大事

すぐやる人の周りには自然と人が集まります。なぜなら、彼らはいつも笑顔だからです。

たとえば、いつもしかめっ面の人やイライラしている人の周りには近寄りたくないですよね。

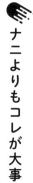

以前はそういう人がわたしの周りにも多くいました。そんなときは、決まってわたしがいつもしかめっ面でイライラしていたときでした。

「怒りのエネルギー」はたしかに行動力が上がり、ある一定まで結果も出るのですが、長続きしません。なぜなら、怒りのエネルギーは人の協力、応援を得られないからです。

これまでは、すぐやる自分になるためにはどれだけ効率的に、合理的に自分をマネジメントしていくか、本などでもそうしたテクニック論が多かったような気がします。

ですが、すぐやる人が大切にしているのは、テクニックより、自分の感情です。どうしたら、いつも笑顔でいられるか、ご機嫌でいられるかを考え、実践しているのです。

すぐやる人がやっている「3つの習慣」

すぐやる人は、常にご機嫌でいる人です。

常にご機嫌でいるために、３つの習慣を実践しています。

習慣① 好きな人といる時間を増やし、嫌な人といる時間を減らす

人は自分が思う以上に、一緒にいる人からの影響を受けています。好きな人といれば心地よいですし、嫌いな人といると息苦しいですよね。

「人として成長したいなら、嫌な人でも我慢して付き合え」

ということを以前、何かの本で読みましたが、正直、理解に苦しみました。

成長を本当に望むなら、自分の本音と向き合い、それに素直に答えてあげるのが最短距離だと思っていたからです。

「我慢」にも2種類あります。一つは、「嫌なことの我慢」、もう一つは**「流れが来るまでの我慢」**。

前者は誰かに強制されることが多く、ネガティブな要素が多いですが、後者は新しいステージに上がるために必要で、意識してポジティブなものに変えることができます。

前者の「我慢」に人生を支配されないで生きるためには、自分自身で理想の人生をつくる覚悟と行動が必要です。

後者の「我慢」はそのために必要不可欠なプロセスですが、それができるのであれば、前者の「我慢」に縛られる必要は何もありません。

誰にでも、気が合う人もいればそうでない人もいます。嫌な人といれば不快、好きな人といればご機嫌です。

習慣② やることを詰め込みすぎない、常に人生に「余白」をつくる

人生に余白を。

これは、ご機嫌でいるためにも、とても大切な考え方です。

どんなに仕事が好きでも、1日の間にほっと一息つけるくらいの休息がない人で、ご機嫌な人を見たことがありません。

わたしたちは好きなことをしているとき、エネルギーが高く充実していますが、それと同時に必ず、肉体の疲労は溜まっています。

これは生きている以上、仕方のないことですが、**無視して進み続けると、行動力が落ちていきます。**


忙しい人は、意識的に余白をつくってみてください。

「何もしない時間」ができたとき、やりたいことが浮かんだらやればいいですし、文字通り何もしなくてもOKです。

余白はあなたのエネルギーを充電させてくれる大切な時間です。

習慣③ 意図的に「感動」に触れる機会をつくる

常にご機嫌でいる人は、心が穏やかな人です。毎日至福に満ちた生活をしていたら、不機嫌になるほうが難しいですよね。

幸せは、わたしたちの日常のあちこちに存在しています。ですが、忙しい日々を過ごしていると、なかなかそれに気づけないのも事実です。

そんなときは、自分に**強烈な感動体験**をさせてあげることが大切です。

・好きな映画
・好きなドラマ
・好きな漫画
・好きな小説
・好きな景色
・好きなＬＩＶＥ

・好きな絵

あなたの心を揺り動かすものに、触れてみてください。強烈な感動体験は心を穏やかにし、日常にある些細な幸せに気づかせてくれます。

すぐやる人は自分をご機嫌にすることが、自分が常に行動的であるために必要なことだと自覚しています。

あなたもぜひ意識して取り組んでみてください。

3秒で
すぐやる人に
なるコツ
04

すぐやる人はいつもご機嫌。それが行動の原動力になる

05

すぐやる＝最高の信頼

実績よりも、言葉よりも、「すぐやる人」かどうか

人間関係において最も大切なのが信頼関係です。

仕事でも家庭でも恋愛でも、これがなければ、よほどのことがない限り、アクセル全開で関わることはできません。

ただ、他人と信頼関係を結ぶことは簡単なことではありません。

一般的にいうと、「信頼」の前には「信用」を得ることが大事だと言われています。

ここで一度、「信用」と「信頼」の違いを確認しましょう。

「信用」とは、**過去の実績**（これまでやってきたこと、成果物）で得られます。

「信頼」とは、「信用」に基づいて得られるもの、**未来への期待**です。

ビジネスの世界だけに限らず、誰かに何かを頼むときは、その人に「信用」があるかが問われます。

賃貸などの契約や、融資なども同じですね、過去にクレジットカードの滞納があったり、ブラックの人は、基本的に審査に通りません。これは、その人にお金に関する「信用」が担保されていないからです。

また、学生さんや起業1年目の個人事業主などにも、「若い」という理由で同じく審査が通りにくいです。

わたしは会社を経営して14年目になりますが、起業1〜2年目は、どんなに業績がよくても、家を借りる際の審査はなかなか通りにくかったです。

ですが、3年目になる頃からすんなり通るようになったのを覚えています。

これは、「信用」がつき、「信頼」に変わったからでしょう。

繰り返しますが、「信頼」されるためには、「信用」がなければなりません。それが、今の社会の基本です。

ただ、この「信用」というものは、実際はあってないようなものだなとわたしは思っています。

なぜなら、実績なんてものは、今の時代、いくらでも盛れるからです。

こんな経験があります。

信用していたある人から、人を紹介されました。

その人は、32ページでもご紹介した、美容の会社を経営している70歳の社長さんでした。当時、わたしも美容の事業をやりたいと思っていたので、意気投合し、どんどん話が進んでいきました。

ですが、あるとき、おかしなことに気がつきました。

その社長とは話が進むのですが、何も形にはならないのです。

そこから彼について色々と調べてみましたが、過去の実績や現在の会社の状況まで、ほとんどが嘘でした。

このときに、「信用（実績）」は盛れること、簡単に人を騙せることを身をもって知りました。

「信頼」されるには、「信用」が必要。

先ほどもこう書きましたが、SNSが台頭した今の時代、それはもう古い考えだと言わざるを得ません。「信頼」の担保である「信用」自体が簡単に嘘をついたり、盛れるからです。

では、**今の時代、何が「信用」となるのでしょうか？**

それが、「すぐやる」という現実的な行動です。

実績よりも、言葉よりも、すぐやる人かどうか。
そこには年齢も性別も一切関係ありません。

仕事でも、人間関係でも、最も大切なのはスピード

わたしは今、７つのオンラインサロンをプロデュースしていますが、各サロンに

はサロンオーナーと複数人からなる運営チームがあります。

運営チームは基本、サロンオーナーから指名されたメンバーで構成していますが、一つだけメンバー選定でお願いしていることがあります。

それが、「すぐやる人」ということです。

仕事でも人間関係でも、最も大切なのは「**スピード**」です。チームでやるとなると、さらにその重要性は高まります。なぜなら、チームメンバー一人ひとりのスピードが違う場合、物事はうまく進まないからです。

今一緒にやっているメンバーはみんな「すぐやる人」たちです。**通常はどんなに急いでも起ち上げに1~2カ月かかるプロジェクトが、彼女たちにかかると、2週間で起ち上がります。**

もちろん、一度起ち上がったプロジェクトは生き物ですから、運営を続けていくと色々あります。なかなか人が増えなかったり、人が減ったり、お客さんからクレームをもらったり。

ですが、そんなときでも、**「すぐやる人」が集まるチームは問題解決のスピードが早い**です。

ちなみに、わたしがプロデュースするオンラインサロンの運営チームにはバリバリのビジネスマンは一人もいないうえ、全員が女性です。

個人事業主や主婦、ＯＬなどみんな肩書きや経歴はばらばらです。

一つだけ共通しているのが「すぐやる人」だということです。

女性の感性や柔軟性、素直さに、「すぐやる」が加わった運営チームは最高です。

こうした視点で一緒に組む人を選んでいるビジネスパーソンはわたしだけではあ

りません。「スピードが早いこと」「すぐやること」は「最高の信頼」だと考える人は多いです。

特に20代や30代の方で、年齢が若く、実績がないと思い込んでいる人、これまでやったことのない、未知の世界へ飛び込もうとしている人へ。

大丈夫！　失敗しても、何をしても、「すぐやること」を続ければ最高の信頼を得られ、あなたは遅かれ早かれ、その会社やプロジェクト、人にとって欠かせない人になりますよ！

3秒ですぐやる人になるコツ
05

すぐやる人が重宝される時代。自信を持って、すぐやろう

第2章

「小さな1歩」から はじめなさい

06

「小さな1歩の積み重ね」で人生は好転する

スピードファーストの人にチャンスは訪れる

あなたにとって幸せとはなんですか?

一度考えてみてください。

おそらく、この本を手にとってくださったあなたの価値観は、ここ1、2年で大きく変わっていると思います。

世の中がすごいスピードで変化する今の時代、自分にとっての幸せはなんなのか、真剣に考え向き合っているのではないでしょうか?

そんなあなたにオススメしたいのが、**「スピードファースト」**の人生です。

いつもチャンスに囲まれていて、チャンスにうまく乗れる人、いつも幸せそうな人は、自分独自のリズムで生きています。

他人と調和しながら、決して他人に迎合《げいごう》しない。他人を自分の上にも下にも置かずに、常にフラットに生きています。

それができるのは、自分自身のリズムで生きて、自分自身のライフスタイルを確立しているからです。

リズムは人それぞれ違います。あなたにはあなた独自のリズムがあります。

思い出してみてください。

これまで生きてきた中で、何をやってもうまくいった時期がありませんでしたか？

仕事でも、いつもよりタスクをこなせたり、営業成績が上がったり。

恋愛ではいつもよりモテたり。

そんなときは、たいてい、**あなたが自分のリズムで生きているとき**です。

そしてそのリズムをつくるのが、スピードです。

小さな１歩の積み重ねで、スピードもエネルギーも上がる

量子力学では、この世界のすべての物質は「振動する小さな粒」と言われています。それらが集まって物質になっているということですね。

さらにこの振動する小さな粒を細かく分解すると、最後には「波」になります。

この波が電波であり、周波数ですね。

これが「エネルギー」です。

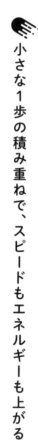

エネルギーが高い人は総じてアクティブな人ですよね。
その人たちは、起きた瞬間からエネルギーが高いのでしょうか？
実際はそうではないと思います。
エネルギーの高い人は、自分のエネルギーを上げる具体的な方法を知っているのです。

結論から言うと、エネルギーを上げるには、

スピードを上げて動く

ことです。

先送りが消える「マイクロ・ベイビー・ステップ」とは?

朝を例にしましょう。

目が覚めたけど、ふとんにくるまってなかなか起きられない。家を出るギリギリまで動かないで、結局顔も洗わず、大急ぎで会社にむかう。

これだと今日1日が爽快にはなりませんよね。

一方でこちらはどうでしょう。

・朝7時に起きる
・トイレに行く
・顔を洗う

・リビングで1杯コーヒーを飲む
・LINE、メールをチェックする
・支度《したく》をはじめる
・持ち物を確認する
・家を出る

たとえばこれを、**前日の段階で、あらかじめ決めておきます。**

朝起きたら、何も考えず決めたことをやるだけで、スピードが上がって、リズムが生まれます。

これはわたしが、行動力アップのコンサルティングでお伝えしている「**マイクロ・ベイビー・ステップ**」という手法です。**前日に明日のやることをあらかじめイメージしてつくっておくと、何をやらなければならないかという迷いが消える分、圧倒**

的に行動力が上がります。

「マイクロ・ベイビー・ステップ」を3週間続けると、人生にリズムが生まれます。あなたの行動スピードは上がり、あなたがどんなときに自分のリズムが上がるのか、自分自身で体感することができます。

すぐやる人は迷いがない人です。

とは言っても、基本的に、迷いがあるのが人間なので、自分がどうすればすぐに行動できるか、集中できるかを自分で探ることが大切です。

とにかく、すぐにはじめる

わたしの娘の話です。

小学校1年生の娘ですが、冬休みに入った初日には、なんと冬休みの宿題を終わらせていました。

子どもの頃、宿題を提出した記憶すらないわたしには似ても似つかない娘にびっくりして、なんでそんな早く終わらせられたのか、聞いてみたのです。


「え！　なんでそんな早く終わったの？」

「だって、30日にディズニーランド行くでしょ？　宿題が残っていたら楽しめないもん」

「いや、まあそうだけど、それでもずいぶん終わらせるの早すぎない？」

「そうかなー？」

「なんで、そんなに集中できるの？　なんかコツでもあるの？」

「えーっと、とりあえずはじめることかな」

「うんうん」

「はじめると集中できるよー」

このようなやり取りをしていたのですが、娘は無意識ですぐやる人のコツを実践したのです。

禅問答のような話ですが、すぐにはじめられないなら、すぐにはじめる練習をすればいいのです。

娘の学校の宿題にはひらがなを綺麗に書く練習がありました。

目的は「綺麗に書く」ですが、最初から綺麗に書こうとしたら、手が止まりますし、綺麗に書きたいなら、綺麗に書けるように、何度も練習が必要ですよね。

であれば、まず今やることは、**「最初の1文字を書く」**ということです。

それができたら次は、**「もう1文字書く」**。

これを続けていけば、いずれ宿題は終わります。

徹底的に「最初の1歩」を小さくする

すぐやるコツは、

「徹底的に最初の1歩を小さくする」

ことです。

それはイコール

「小さな成功体験を連続して起こす」

ことです。

行動のレベルを小さくすれば達成できないことはなくなります。

その小さな1歩を、成功とみなし、行動することで、だんだんとリズムが生まれてきます。

自分自身のリズムに入ると、あらゆることがうまくいきます。息を吐くように成功が止まらなくなります。

人生の波にうまく乗る人、逃さない人は、常に小さな行動を大切にしています。ときには、立ち止まり考えることも必要ですが、やりたいこと、やるべきことに向かう「小さな小さな1歩」を踏み出すことを意識してみてください。

目標やゴールに対して、その1歩がどんなに小さくても、小さすぎてなんの意味もなさそうなものだとしても、その1歩は実は、偉大な1歩なのです。

3秒ですぐやる人になるコツ 06

小さな1歩を積み重ね、成功体験を積み上げる

07 まずは0．1歩だけ進めよう

2200名以上に伝えてきた「行動力アップ」の秘訣

小さな1歩を踏み出しましょう。

そう、お伝えしました。

とはいえ、わかってはいるけど、なかなか1歩が踏み出せないから苦労しているんだよ、そんな人もいるでしょう。

行動できないこと、すぐやれないことは決して悪いことではありません。

また、やりたくてもやれない。そんな日は誰にだってあります。

一人ひとりの人間には独特のバイオリズムというものがあり、朝が強い人もいれば、朝が弱い人もいます。

また1日単位でも、調子のいい日もあれば、そうではない日もあり、誰もが毎日100％元気で動いている人はいません。

誰にでも動けないときというものはあるものです。


やりたくても、やれないことは全く問題ありません。そんなときは、ペースを落としていいのです。

ただ、それでも何かをしなければならないときもありますよね。

わたしはこれまでコンサルティングのお仕事を通じて、2200名以上に行動力アップの秘訣をお伝えしてきました。

その中で、クライアントさんに最も大切に伝えてきた言葉が、

「0．1歩だけ進めよう」

です。

人生最大の絶望があった日でもできる、「些細な行動」を

では、「0．1歩」とはどんな行動でしょうか？

それをわたしは、

「人生最大の絶望があった日でもできる、些細な行動」

と定義しています。

「人生最大の絶望」とは、たとえば、ある人にとっては身内が亡くなったことかもしれませんし、交通事故にあったことかもしれません。あるいは、大好きな恋人に振られたことかもしれません。

こんなとき、多くの人は、目の前で起きた出来事に心奪われて何もできなくなります。

でも、たとえそんな状況でも人はトイレには行くし、水は飲みますよね。

これと同じように、**考えなくてもできること、生理現象のように自然に踏み出せる1歩が「0．1歩」**です。

たとえば、今年の目標が「10キロ痩せる」だとします。

そのために必要なことは、たとえば食事制限だったり、ランニングだったり、会社の上司や同僚の飲み会を断るなど、色々あるでしょう。

でもそれらを毎日やるのはしんどいですし、続かないでしょう。

なので、年間で10キロ痩せるという目標を、今、確実に達成できるレベルにまで小さくします。

たとえばですが、**「1日100グラム減らす」**はどうでしょう？　100グラムなら、そんなに力を入れなくても達成できる気がしませんか？

男性の場合なら、普段、ご飯を大盛りにしているところを普通盛りにするだけで翌日はマイナス100グラム達成です。

もし順調に1日100グラム減るとするならマイナス10キロは100日で達成で

すが、実際は1日に1キロ減る場合もあるし、100グラム増えている場合もあります。

でもトータルで見ると、「マイナス10キロ」は難なく達成しているのです。

「すぐにできるサイズ」まで小さくする

では、たとえば、「10キロ痩せる」という目標を、ジムに通って実現する場合はどうでしょうか。これを実現させるための事前準備には、ぱっと考えただけでもこれだけあります。

・行きたいジムを探す
・料金とプランを確認する
・見学、トライアルを申し込む

・週に何回行くか決める
・何を食べて何を食べないかを決める
・飲み会の量を減らす、もしくは一時期断つ
・飲み友達に事情を伝える
・ジムをサボらない環境と仕組みをつくる
・気分が上がるウェアを買う
・プロテインやサプリを買う

これを1日でやらなければならないと考えたら、さすがに、めんどくさいですよね。またこれをやりきったからといって、ダイエットが確実に成功するわけではありません。

マイナス10キロ痩せるためには、マイナス10キロ痩せるまで行動しなければなりません。

徹底的に細分化することによって、今どんな状況でもできるタスクに変えるのです。

3秒ですぐやる人になるコツ 07

どんな状態でもできるくらい、行動のハードルを下げる

08
できるだけ「手持ちのボール」はゼロにする

溜まりすぎると、動けなくなる

すぐやる人とは、溜め込まない人のことです。

体に脂肪がつきすぎると、動きが鈍くなるように、思考も溜まりすぎると、動けなくなります。

すぐやる人は、常に余白を意識して過ごしています。自分のキャパが限界になる前に、先に手を打ちます。

たとえば仕事のタスクは、優先順位がはっきりしています。

今すぐやることがあるなら、それを文字通り今すぐできるレベルに細分化して一気に片づけてしまいます。

メールやＬＩＮＥの未読は溜め込んでいても何もいいことはないので、時間を決めて一気に片づけます。

ここでも大切なのは、「スピードファースト」です。

仕事では、メールの内容が重い場合と軽い場合がありますよね

重い内容とは、調べないと返せないものだったり、長文で思いがつまっていたり、まとまりがなくて何を言いたいか、よく読まないとわからないものだったりです。

短いメールや、用件が明確なものはすぐに返せますが、重いものはそのままにしておくと頭の中のスペースをどんどん侵食してきます。

他のことをやりながらでもそのことが気になってしまい、仕事以外のパフォーマ

ンスも落ちてきてしまいますよね。

メールやLINEを溜め込まない方法

そこで、すぐやる人が習慣づけていることは、

「とりあえず返す」

です。

やらないといけない、とわかっていることを無視すると、もやもやするのは自分ですよね。

以前、わりと難易度の高いクレームが、毎日10数件、わたしの個人LINEに届

く立場で仕事をしていたことがあるのですが、それらに一言も返信せずに他の仕事をするなんて、到底、無理でした。

どうすれば自分が楽になるか、頭の中に残らないかを考えていましたが、いつも答えは同じものに帰結しました。

それが「とりあえず返す」でした。

言い方を変えると「**短くていいからすぐ返す**」です。

どんな重たい内容でもまずは最速でこう返します。

「**後ほど返信しますね**」

相手に応じて、言葉のニュアンスは変えていくのがいいですが、まずはこれを入れることで、自分の中のもやもやは解消されていきます。

あとは、移動中などまとまった時間が取れそうなときに、一気に返信をしてしまえばOKです。

皿洗いの食器を1枚でも減らすコツ

家事なども同じです。

食器を洗うのがあまり好きではない人は意外と多いです。溜まってから一気にやろうと思って溜め込んでいると、さらにやりたくなくなってきます。

そんなときは、**「料理の最中に1枚洗う」**を実践してみてください。

「溜め込まない」を意識して、料理の合間合間に生まれた、使った食器を1枚洗う。

すぐやる人は、文字通り「すぐやる」が体に染み付いているので、さまざまなシチュエーションで、すぐやる人のそうした動きを見ることはとても参考になります。

結果的に、**すぐやる人は、対人関係において、「気が利く人」「配慮のある人」と賞賛されることが多い**です。

本人はただただ、できるだけ頭の中を空っぽにしておきたいだけなのですが（笑）。

3秒で
すぐやる人に
なるコツ
08

タスクは手元に溜め込まずに、一つでも進める

第3章

すぐやる人は「甘え上手」

09 今は、甘え上手、お願い上手の時代

すぐやる人は、人の力を借りるのがうまい

多くの人が、日々、自分のキャパを超える仕事を抱えて生きています。

会社勤めなら、予想していない仕事を振られるかもしれませんし、トラブルが起きるかもしれません。

主婦（主夫）の方なら子どもの行事もありますし、学校でトラブルが起きたら飛んでいかなければなりません。旦那さん（奥さん）のサポートもありますし、ストレスも溜まるでしょう。少しでも時間が空いたら、大好きなドラマを観たいかもしれません。このように、毎日、忙しい日々を過ごしていると思います。

あなたはそれでも、自分の役割をこなすために毎日がんばっているでしょう。本当に素晴らしいことだと思います。

そんな日々のなかで、いつのまにかパフォーマンスが落ちたり、行動力が落ちたり、それをやること自体おっくうになってしまった経験はありませんか？

そんなときはたいてい、体に疲れが溜まっていたり、自分のキャパを超えたタスクを抱えていたりするときです。

自分のキャパが限界の状態で、人はなかなか1歩を踏み出すことができません。

自分のキャパは自分が思うより小さいです。「これくらいならできる」と思っていることが、「ほとんどの場合、できない」のが人間なのです。

ですが、多くの人は、必要以上にがんばっています。

また、自分でがんばらなければならないと、子どもの頃から教育を受けてきたはずです。厳しめの家庭で育った人なら、「他人に頼るな！　自分でなんとかしろ」

と言われて、それが染み付いている人もいます。

実際、自分でがんばることで得られる恩恵はあります。それは、「自力」ですね。
それは生きていく上でマストなチカラです。

仕事においては、そもそも自力がないと、何も動きません。
恋愛においても、あなたの彼氏、彼女を他人がつくってくれるわけではないですから、自分で相手と付き合うためのアクションを起こさなければなりません。

でもそうした行動も、必ず限界が来ます。ある程度のところまでいくと、次のステージへ行くためには、必ず、あるものが必要になります。

それが「**他力**」です。

すぐやる人は、その他力を使い、自分のやるべきことに集中します。やることが明確ですからすぐやり、結果を出すことができます。

人の力を借りるコツ

他力を発動させるには、自分と他人の違いを受け入れ、尊重することです。

そして一番大切なことは、自分自身を相手にさらけ出す姿勢です。


わたしの友人にカウンセラーのある女性がいます。

彼女は40代後半で、作家でもあり、業界でとても活躍している女性で、プライベートもとても仲がいいですが、カウンセリングを通じて人を導くこと以外、彼女はほとんど何もできません（笑）。

この前はじめて彼女がつくった画像を見たのですが（自分の出版記念イベントの

告知でつくってみたようです）、とてもじゃないですが、人様にお見せできるクオリティではありませんでした……。

こんなふうに、彼女はいつも自分の欠けているところを見せてくれます。これを見た、わたしを含む、彼女の友人たちは、自然と手を差し伸べ、彼女に代わり、告知画像をつくってあげました。


「彼女を応援したい」と思う気持ちの根源は2つあります。

一つは先ほど書いた、「自分自身をさらけ出しているということ」。

そしてもう一つは、「自分の持ち場を全力でやる人だから」です。

この二つが、他力を生み出し続けているのです。

また他力が働くため、彼女は自分が苦手なことをやらなくて済み、さらにやるべきこと、やりたいことをすぐやれる状況をつくれているのです。

人は自分の限界を一番わかっていません。

だからすぐに自分のキャパを超えた仕事を抱え込んだり、頼るべきところで人に頼らないですぐに限界を迎えます。

自分ではわかっていないのですが、あなたの体はそれを症状で示してくれたりします。

わかりやすいのは暴飲暴食で太ったとき、体がだるくなったとき、偏頭痛がするとき、耳鳴りがするときです。

体が教えてくれるサインは、何よりも正確です。このサインを無視して続けると今度は人間関係や金銭のトラブルに変わっていきます。

すぐやる自分でいるということは、肉体も精神も土台が安定しているということです。

アスリートのように、大舞台で、痛み止めを打って、痛みをごまかしても乗り越えなければならないようなときも、人生には少なからずありますが、長続きしません。

人生を俯瞰して見た場合、**最も豊かに、人生を歩んでいる人は、他力を使い、自分の好きなこと、やりたいことに特化して生きている人たち**です。

すぐやる人は、人に頼れる人。

頼れる人とは、自分をさらけ出せる人。

さらけ出して他力を使い、自分の好きなこと、やりたいことに特化して生きている人。

だから、すぐやる人なのです。

3秒ですぐやる人になるコツ 09

自分ひとりでがんばらず、人の力を借りる

10 弱さをさらけ出せば、周りに助けてもらえる

欠点をなくすより、長所を伸ばす

わたしたちは生まれたときから今まで、長所を伸ばすよりも、欠点をなくす教育を受けてきました。たとえば、通信簿で体育が5で、その他が1か2の人よりも、全部の科目が3か4の人のほうが正しいような評価を受けます。

ですが社会に出ると、実際に活躍している人の多くは前者のような人です。長所を伸ばし続けた結果、周りからは欠点すらその人の魅力になり、周りに人が集まり応援された結果、人生がうまくいっているのです。

すぐやる人は自らの行動力を上げるため、常に自分の長所を武器にします。さら

に、その武器がより研ぎ澄まされるように、常に引き算を意識しているのです。

わたしのビジネスパートナーにYouTuberの女性がいます。彼女は人に応援される天才で、周りには常に彼女を助けたい人で溢れています。そんな彼女を見ていて思うのが、彼女はまた引き算の天才だなというところです。

彼女の一番の強みは裏表がないことです。YouTubeでも、プライベートでもわたしと一緒に運営しているオンラインサロンでも、どんな場面でも変わらず喜怒哀楽を表現します。

そんな彼女のあり方を見て周りの人たちは彼女を支え、応援したくなるのです。

できないことは手放してOK

以前、あるホテルのラウンジで打ち合わせをする日があり、わたしは先に着いて席で待っていたのですが、彼女が泣きながら登場したことがありました。

話を聞いてみると、彼氏から数日連絡が来ないで不安だったようでした。

周りから見ると、あきらかにわたしが泣かせているようで少し困ったのですが、いつのまにかわたしは、彼女に対し、彼氏の今の気持ちや、今の状況が大丈夫なこと、最善の方向へ向かっていることを真剣にアドバイスしていました。

そんな彼女の裏表のないまっすぐなキャラクターにいつのまにか巻き込まれ、助けたくなるのです。

今、わたしは彼女のオンラインサロンをプロデュースしていますが、運営してくれるチームのみんなは4人いて、それぞれが彼女にできない部分を完璧に補ってくれています。

一人は画像作成、一人はオフ会の幹事、一人は分析、もう一人は事務処理と、チームは完全に機能していて、毎月、サロンメンバーは右肩上がりに増え、喜びの声も増え続けています。

仮に彼女がここを無理してやってしまうと、彼女の本来のパフォーマンスが落ちるだけではなく、今の運営メンバーは集まってこなかったと思います。

結果的に彼女が自分のできないことをさらけ出し、手放してくれた（引き算）からこそ、オンラインサロンを運営するためのベストメンバーが必然的に集まったのです。

人にまかせられない人は、人を信用していない人

自分にできないことを人にまかせられない人は、深い部分で人を信用していない人です。

今は、共感の時代でもあるので、信じてもらえてないと相手が感じたのならすぐに距離が離れる、ある意味でわかりやすい時代でもあります。

一人ひとりが自分自身の人生を生きることを最優先にしますので、利害で相手を

拘束すること自体不可能な時代に入りました。

そんな時代に輝くのは、自分をさらけ出せる人です。

自分の好き嫌いに正直で、自分のできる、できない、が明確な人です。


自分ができないことはやらない。こう決めた時点で人生にスペースが生まれます。

そこには「真空の法則」が働き、そのスペースを埋めるために、ヒトやモノ、チャンスなど、あらゆるものが集まってくるのです。

結果的に自分自身の好きなこと、得意なことに集中できるので、いつまでもすぐやる人でいられるのです。

3秒ですぐやる人になるコツ 10

できないことは人にまかせ、得意なことに集中する

11 すぐやる人は人を巻き込む「人たらし」

周りを味方にすれば、無敵になる

どんな場所でも、いつのまにか輪の中心になり、あっというまに人気者になってしまう人。あなたの周りにもいませんか?

たとえば、行きつけのお店とはじめてのお店、あなたはどちらが居心地がよいでしょうか? 当然、前者ですよね。

行きつけのお店を友人に紹介して連れていくとき、あなたは、そのお店と友人をつなぐコネクターです。あなたが間にいないと、お店も友人も互いに引き合わなかったわけです。

あなたはお店にも友人にも感謝されるでしょうし、あなた自身もそれを受け取っていい気分になるでしょう。

すぐやる人は、自分の周りを味方にするのが得意です。自分自身が安心安全でいられる場所を、人と人をつなげることで、さらに拡大していき、無敵の領域をつくるのです。

大人気アニメ『呪術廻戦《じゅじゅつかいせん》』には、「領域展開《りょういきてんかい》」という術式があります。相手を自分の領域の中に引きずり込むことができれば、戦いにおいてほぼ勝ちが決定するほど強力な、呪術戦の極致と言われるものです。

すぐやる人は、まるで「領域展開」を使える人のようです。領域を自分のホームグラウンドと言い換えるとわかりやすいと思いますが、**どんな場所でも自分のホームグラウンドにしてしまえれば、常に行動的でいられます。**

どんな場所でも自分の「ホームグラウンド」にする方法

では、すぐやる人はどんなふうに、あらゆる場面を自分のホームグラウンドにしてしまうのでしょうか。

すぐやる人には、人たらしという特徴があります。

彼らが持つ、愛嬌と気配りを受け、会った人は魅了され好きになってしまうのです。

自分を好きな人を嫌いになることは難しいですよね。あなたも、誰かから好意を寄せられたら嫌な気分にはならないと思います。

愛嬌を振りまくということをネガティブな言い回しで使う人もいますが、愛嬌とは本来、「相手を喜ばせるような言葉・振る舞い」のことですから、元々、利他の行為なのです。

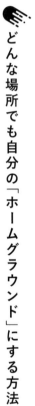

それに、愛嬌のある人とは、天真爛漫《てんしんらんまん》で元気で明るい人というイメージもありますが、実際は、おとなしそうな人でも愛嬌のある人はたくさんいます。物静かで口数は少ないけれど、たまに発する言葉は、常に相手目線。そんな人もまた愛嬌のある人と言えます。

さらに、人たらしと言われる人は気配りに長けています。常に相手のことを考え、相手が気持ちよく行動できるように、先回りして動いています。

愛嬌と気配りが9割

モテる男性に共通しているのは、見た目のよさよりも、圧倒的に気配りです。また、異性や目上の人に可愛がられる人たちに共通しているのも同じく気配りなのです。

人たらしの人は愛嬌と気配りに長けています。だからモテるし、愛されます。どこへ行ってもそのスタンスは変わりませんから、いつなんどきでも、その空間を自分のホームグラウンドにすることができるのです。

3秒ですぐやる人になるコツ 11

愛嬌と気配りで、周りを味方にする

12

自分が相手の立場だったら……を常に考える

すぐやる人は、配慮のスピードも早い

あなたは自分のことが好きですか？

この質問に即答で「イエス！」と答えられる人は、自己肯定感がかなり高い人だと思います。

この質問はどうでしょうか？

あなたは、自分を何%好きですか？

30%？

80％？

いや、100％大好き！


ほとんどの人が、自分自身の好きなところもあれば、嫌いなところもあるでしょう。

人間関係において大切なのは、母が子を思う気持ちのように、相手を自分と同等かそれ以上に思い、関わることです。

またこれはすぐやる人が持っている特徴でもあります。


わたしはたまに一流と言われるホテルに泊まることがあります。

目的は、いいホテルに泊まりたいとかではなく、ホテルマンのサービスクオリティの基準を自分にインストールするためです。

毎回、サービスクオリティの素晴らしさに感動しますが、その中で一番すごいなと思うのは**「配慮のスピード」**です。

一流のホテルマンは「自分が相手の立場だったら何が嬉しい？　何に感動する？」を極限まで考え、行動を極めています。

人を思う気持ちが、行動スピードを上げる

一方でわたしの行きつけのある沖縄料理屋のマスターの話です。

彼とは、彼が店長をしていた一つ前のお店で出会いました。40席ほどのお店でしたが当時の彼はホールを一人でまわしていました。

出てくる料理も美味しかったのですが、感動したのは、彼のお客様に対する配慮と、料理の提供スピードでした。ホールを回しながら調理場のスタッフたちに各テーブルに提供する料理の順番を細かく指示するその姿に、わたしは感動してしまい、いつのまにか、彼に声をかけていました。

前のお店が閉店する直前、彼とＬＩＮＥを交換し、それから約1年後、再会しま

した。

彼は、自分のお店を持ちました。それからわたしは、自分の人脈のほとんどを彼のお店に連れて行っています。

わたしが彼を応援したいと思うのは、彼が人の気持ちがわかる、すぐやる人だからです。

常にお客様にとって最善な選択を考え、いや、それがすでに体に染み付いていて、どんなにお店が満席で忙しいときでも、常にわたしたちの1歩先回りして動いてくれます。

そんな彼の真心こもった思いは、お客様対応だけでなく、味にも表現されていますす。これまで3歳から70歳、ニートから大富豪まで100人以上連れて行きましたが、9割以上がリピーターとして通っています。

人を思う気持ちは、行動のスピードを上げるのです。自分だけで出せるスピードには限界があります。

これまでの時代、自分の収入、自分の評価、自分のキャリアだけを考えた行動でもある程度までは動けたし、結果が出ました。

でも、これからの時代は通用しなくなるようです。令和に入り、「風の時代」といわれる今、自分だけのことばかり考えている人は、誰からも相手にされなくなってしまうのです。

一方で、沖縄料理屋の彼のように、常に相手のことを思い、行動できる人なら、これからの時代は、どんな仕事をしても、繁栄は止まらないでしょう。

3秒ですぐやる人になるコツ 12

人を思う気持ちが、行動のスピードを上げる

13

すぐやる人は、期待値超えの天才

相手の期待値をちょっとだけ超える

対人関係において、あなたはどんなことをされると感動しますか?
どうされると相手を好きになり、受け入れることができますか?

人は少なからず、相手に対して何かしらの期待をしているものです。それが暴走しては問題ですが、期待をすること自体は自然なことです。
人間関係が円滑に進むとき、わたしたちは互いに相手の期待をほんの少し上回る行動を与えあっているようです。

すぐやる人は、相手の期待値を超えることが自然にできる人です。

常に人とのコミュニケーションにおいて、自分の要望だけではなく、相手の期待や希望を叶えるために先回りして行動する癖がついています。

犠牲心とは違う

それはいわゆる犠牲心とはまったく異なるものです。

犠牲心は、文字通り自分を犠牲にして相手のために動くことですが、すぐやる人がする期待値を超える行動とは、**相手のためであり、自分のためでもある**のです。

期待値を超えてきた相手に対し、生まれるものはなんでしょうか?

それは感動や感謝です。言葉にすると「ありがとう」ですね。

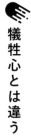

「ありがとう」は魔法の言葉です。言われて嫌になる人に会ったことがありません。

すぐやる人は、ありがとうのチカラを自覚しています。それを放った人、受け取った人、それを聞いていた人の誰もが幸せになり、豊かな気持ちで、今を生きるチカラに変えることができることを知っているのです。

だから、自ら相手を喜ばせること、期待を超えて感動してもらうことに対し行動することができます。

マーケティングの世界で広く知られている、『影響力の武器』（ロバート・B・チャルディーニ著、誠信書房）という本があります。

わたしが起業当初学んだビジネススクールでも、課題図書として出されていました。

そこには、人を動かす心理として「返報性の原理」というものが紹介されていました。

「返報性の原理」というものは、人は何かを与えられると、「お返しをしなくては申し訳ない」という気持ちになるという心理作用のことです。

商品の無料サンプルもそうですし、デパ地下の試食、新聞の勧誘のおじさんが洗剤などを先にプレゼントしてくるのも、「返報性の原理」を利用したものです。

ですが、わたしは当時からこの「返報性の原理」をマーケティングとして利用することがあまり好きではありませんでした（もちろん、『影響力の武器』は名著と名高いですし、批判するつもりはありません）。

心理作用を利用したテクニックではなく、相手を思う心があれば当たり前に誰もがやれることですし、相手の立場に立って、商品づくり、サポートをしていけばビジネスは自然と伸びると思っていたからです。

相手の期待値を超える「練習方法」

すぐやる人がマスターしている、相手の期待値を超える自分になる練習場は日常のあらゆるところにあります。

たとえば、あなたが男性で、女性と一緒に道を歩いているとしたら、彼女のために何ができるでしょうか？

一例ですが、あなたが車の走っている側を歩く、などが考えられます。エスカレーターでは、上がるときも下がるときもあなたが下にいれば、女性は安心だと思います。

お店の店員さんが、お客様の期待値を超えることは、サービス業では当たり前かもしれませんが、**お客さんとしてあなたが店員さんの期待値を超えるといったゲー**

ムも面白いと思います。

たとえば、友人をたくさんお店に連れてきてあげるとか、お店の記念日には特別なお酒をプレゼントしてあげるとかが考えられるかもしれません。

期待値を超えると、感動が生まれる

これは、わたしの友人が出版したときの話です。占星術師でもある彼が書いた本がとても面白く、仕事の合間に2回熟読しました。その本の中に書いてある印象的なものが、「この本を常に持ち歩く」という部分でした。

本に書かれている大切なメッセージを、常に持ち歩くことでいつでも確認できるようにし、自分のものにするという意図があったのですが、わたしはそれを実践していました。

年末の最後の忘年会で彼を含め仲間内４人で集まったときも、わたしはその本を持っていました。

それに気づいた彼はとても感動してくれました。


期待値を超えたとき、生まれるのが感動です。

強烈に感動したものは、何歳になっても覚えているものですよね。

感動体験は、互いの関係性をより深いものにしてくれますし、信じ合っているからこそ、チカラの抜けた付き合いができます。


すぐやる人は、相手の期待値を超える達人です。期待値を超えた先にある感動を通じて、深い仲間やパートナーをつくり、自分自身の動きやすい世界をつくっているのです。

3秒ですぐやる人になるコツ 13

相手の期待値を超え、感動させる

14

すぐやる人は腰が低い。気づけば敵も味方になっている

心地よい距離を保つ秘訣

わたしたちが住む世界で、最も体力的・精神的に疲弊するものは人間関係です。若い頃はエネルギーがありあまり、主張も強いので、すぐに人とトラブルになる人もいたでしょう。

大人になると、トラブルや喧嘩の仕方もたしかに変わってきます。また、ビジネスの世界では、相手を言いくるめたり、打ち負かすことが勝つことだと考えている人もいるかもしれません。

いずれにせよ、これもまだ相手と戦っている段階です。

人間関係で最も賢く、価値があるのは、戦わずして相手も味方につけてしまうことです。

すぐやる人は、**常に腰が低い**です。

ただ、ここで言う「腰が低い」とは、相手に対しへりくだるというわけではなく、常に自分と相手のパワーバランスに差が起きないように、互いに最も心地よい距離感を模索しているという意味になります。

そのためには、基本的にどんな人に対しても謙虚でいることが大事であることを、すぐやる人は知っているのです。

争いはお互い消耗するだけ

以前、あるイベントを開催する際に、会場の担当者と会場予約について話をしていたことがありました。
元々、他の会場でほぼほぼ決定していたのですが、トラブルが起きて急遽変更。開催まで2週間しかない状態で、急遽見つけた会場でした。

会場を下見しとても気に入りましたが、会場代が予算を大幅にオーバーしていました。人気の会場なので、ディスカウントは難しいとも言われていましたが、ダメ元で予算と希望のサービスを伝え交渉してみることにしました。

するとと思いのほか、あっさりディスカウントを受け入れてくださったのです。しかも想像を超えてかなり安くしてくれました。

振り返ると、わたしは交渉前から、イベントが終わるまで、常に相手と対等の状況で話すことを意識していました。
会場側の担当の方と、お客さんであるわたし。どちらにも希望はあります。

通常なら、手持ちのカードを出しながら交渉するのが一般的かもしれませんが、そうした交渉は、一方がうまくいく反面、もう一方は損をする、ゼロサムゲームのような結果を招きやすいです。

互いにとってベストな契約になるように、あらゆる条件や可能性をテーブルに上げながら、こちらの要望とそれに対して会場側の考えはどうかなど、かなり具体的に話しました。

言葉だけ見ると、一般的な交渉となんら変わらないように見えますが、大切なのは、自分と同じかそれ以上に相手のことを考えることです。

その結果、気づけば理想の条件と理想以上の価格で、会場を借りることができたのです。

すぐやる人は、普段の生活から、ビジネスにおける交渉事まで、自分だけが優位になる状況はつくりません。そうして得られる幸せには限度があることを知っているからです。

それよりも互いに同じ土俵に立って、意見を出し合えるフラットな環境づくりを意識しています。

そのためには、常に腰を低くして関わることがベストだと知っているのです。

「実るほど頭を垂れる稲穂かな」という有名なことわざがあります。本来、「立派な人ほど謙虚である」という意味ですが、これはそっくりそのまま、すぐやる人にも当てはまります。

すぐやる人ほど、謙虚です。彼らはいつも腰が低く、相手の立場に立って動ける人です。

3秒で
すぐやる人に
なるコツ
14

どんな相手とも
フラットに付き合う

15 丁寧すぎるぐらい丁寧に

スピードと丁寧さを共存させる

仕事ができる人は、すぐやる人。そして、丁寧な人です。大切なのはスピードと丁寧さを共存させることです。

スピードの大切さは本書で何度もお伝えしてきましたが、いくらスピードが早くても、雑になっては何も意味がありません。

仕事のパートナーシップは、恋愛のパートナーシップと非常によく似ています。相手に対して本音で向き合えば向き合うほど、丁寧に向き合えば向き合うほと、関係性がよくなり、成果も出やすくなります。

どんな仕事も、プロジェクトもそれを動かすのは人ですよね。**相手に丁寧に扱われることは嬉しいですが、誰だって雑にされるのは嫌**です。

ですが、すぐやる人の中にも無意識のうちにこの丁寧さを忘れてしまっている人が少なくありません。結果的に、そこから人間関係に亀裂が入り、ビジネスがうまくいかなくなる人もたくさん見てきました。

恥ずかしながら、以前のわたしもそうでした。

熱しやすく冷めやすいタイプのわたしは、とにかく興味を持ったことをはじめることは得意でしたが、続けることは苦手でした。

プロジェクトを起ち上げ、人を集め、軌道に乗せる。ここまでは得意でしたが、その後のビジネスパートナーやスタッフへのケアは蔑《ないがし》ろにし、次から次へと興味が移り、新しいことをはじめていきました。

それ自体は悪いことではないにしろ、当時のわたしに足りなかったのが、既存のスタッフやプロジェクトメンバーへの配慮でした。

元々、繊細なタイプなので、スタッフが不満を抱えていることには気づいていました。そのまま放置してしまった結果、スタッフが辞めてしまいました。必要なのは、スタッフへのケアをすぐやることだったと、今でもあの頃の光景をたまに思い出します。

スピードに質が伴った「最高のすぐやる人」になる方法

すぐやる人になり、それを続けるには周りの協力が欠かせません。

そうしたチームづくりにとって最も必要なのは、周りへの「**配慮**」と「**敬意**」、そして「**感謝**」です。

人は感情の生き物です。

どんなに聖人のように見える人でも、すべての人に分け隔てなく接している人はいません。どこかで人は自分のお気に入りの人を選んで付き合っています。

ただその中で、たとえ、違いがあっても、自分と価値観が合わなくても付き合っていくために必要な要素がこの3つです。

他者に「**配慮**」することは、意識すれば誰でもできるようになります。たとえば、相手が楽しそうに話しているときに、それを受け入れ聞き手にまわるのも「配慮」のチカラです。

女性とデートで街中を歩いているとき、道路側を歩くこと、エスカレーターを登るときは自分が女性の後ろに、降りるときは女性の前に乗ることも「配慮」です。

「**敬意**」に関しては、無理やりそう思うものではなく、湧き上がってくるものです。

相手が年上でも年下でも関係なく、あなたにもそんな人がいると思います。その人に対し、なぜ自分は「敬意」を払っているのかを考えることはとても大切ですし、同じように、あなたに「敬意」を示してくれている人は、あなた自身の何に対し、そうしてくれているのかを知ることはもっと大切です。

なぜなら、あなたに「敬意」を払ってくれる人が増えれば増えるほど、あなたの応援者は増え、人生がうまくいくからです。

「感謝」というと相手に「ありがとう」を言いましょう、といったことがよく言われますが、「感謝」はわかりやすければわかりやすいほうがいいです。

人間関係のコミュニケーションの中で大切なのは、「伝えること」と、「伝え方」ですが、あなたが思う以上に、言葉でわかりやすく説明しないものは、相手にはほとんど伝わっていないということを認識したほうが、人間関係はよりうまくいきます。

「ありがとう」を言われて、いやな人はいません。また、「ありがとう」を何回言われても、しつこいとか、うざいといったような感情になる人もいないでしょう。

「ありがとう」は魔法の言葉です。

その言葉を伝えるだけ目の前の人との人間関係は好転します。

「配慮」「敬意」「感謝」。

この3つを意識して目の前の人とコミュニケーションしてみてください。まずは意識するだけでOKです。

それを担保できる人は、今よりも確実に行動力が上がります。

なぜなら、そんな人は相手を思えて、行動できる人、すぐやる人だからです。

人間関係は丁寧すぎるくらい丁寧に。

そんなあり方を日常で癖づけていると、スピードに質が伴った最高のすぐやる人になれます。

3秒ですぐやる人になるコツ 15

「配慮」「敬意」「感謝」をベースに、丁寧に人と付き合う

第4章

「好きな人」に囲まれると、行動力は上がる

16 「いい人」でいるのはやめなさい

「相性」が10割

以前のわたしは、人として成長したい、魅力的になりたいと思ったとき、どんな人でも受け入れる器の大きい人間になることがゴールだと思っていました。

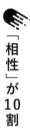

ですが、どうやらこの世界では、それは違うようです。

わたしはプロデューサーという肩書きで14年以上仕事をしていますが、自分がプロデュースする相手を決める、一番の決め手は、人気があるとか、仕事ができるとかではなく、**「好きになれるか」「応援したいか」「守りたいか」**です。

一言で言うなら、**「相性」**です。

この基準を軸にしてから、プロデュースに関するほとんどの仕事は右肩上がりにうまくいっています。

人は、好きな人のためならがんばれます。特に、男性の場合、元来、女性を支えたいという気持ちがＤＮＡレベルで備わっている気がします。

すぐやる人は、人生を共にする人を選んでいます。それは、差別主義とかそういうわけではなく、互いに快適に人生を送るために必要なことです。

たとえば、あなたには合わなくても、ある人にとって、その人はベストパートナーなのです。

すべての人と分け隔てなくとは、すべての人と深く付き合うことではない。

これを自覚するだけで、人生は楽になり、チカラが抜け、行動的な自分になれます。

今、あなたは自分の好きな人に囲まれていますか？

毎日の人間関係は快適ですか？

この質問に即答できる人は、日々快適に人生を謳歌できていると思います。もちろん、今あなたがそうでなくても全く問題ありません。

人生においての違和感や、窮屈感は、あなた自身が本当に望むことを教えてくれるきっかけになります。今が理想通りの人生ではなくても、その裏には、あなたの理想の人生がすでに存在しているのです。

人間関係が円滑であるということは、ストレスが少ないということです。ストレスがあっても行動できますが、そのまま行動し続けると、無理がたたり、精神がおかしくなり鬱《うつ》や無気力になってしまうこともあります。

すぐやる人が人間関係にストレスのないよう、好きな人と過ごすことを徹底するのには、そうした理由があるのです。

お誘いや紹介は断っていい

自分の時間を大切にするときに、突破しなければならないのが、「**いい人をやめる**」ということです。

それは、相手からの誘いに気が乗らないなら断ること。

誰かから紹介された人に興味がないなら、断ること。

断ることに慣れ、自分の時間をつくり、やりたいことができたら、すぐに取り組める自分でいる状態を常につくるのが、すぐやる人の基本です。

すぐやる人は、余白づくりの達人とも言えます。

大人になると誘いが増えますよね。

会社勤めの方は、社内の行事や、上司の誘いなど、行きたくないけど行かなくてはいけないものもあると思います。

起業している人も、年々、新しい人と会う機会や飲みの誘いも増えていきます。

人と人の出会いは、どこでどうなるかわからないので、基本はウエルカムですが、**自分を取り巻くすべての誘いに顔を出すと、大切なものに割く時間が全く足りなくなります。**


少し考えてみてください。

今あなたの身の回りで、誘われたら断れない人は何人いますか？　いるとするなら、恩師だったり上司だったりすると思いますが、その人たちの顔を浮かべてみてください。

浮かびましたか?

では、なぜ断れないか考えてみましょう。

たとえば上司や同僚なら、断ると明日からの関係がギクシャクするかもしれないとか、そうしたところかもしれません。

実際、断ったら、気分を害したり、いじわるをする人もいるでしょう。

でも、そんな人はそもそも、あなたの人生にとっては必要のない人ですよね。

断れるようになると、行動力が上がり、時間も増える

他人からの誘いを、自分の中の明確な理由をもとに断る。

これをどんな相手にも徹底してやれるようになると、時間が生まれ、あなたの行動力は格段に上がります。そして、いい意味で人間関係にもはっきりと白黒がつくようになります。

わたしにはある時期に大変お世話になった方がいます。

お世話になっていた時期は、できるだけ誘いには参加するようにしていましたが、知り合って10年経つ頃には、さすがに互いに状況が変わり、なかなかお会いできる機会も減っていました。


ですが、あるとき、久しぶりにその方から電話をもらいました。

基本的にわたしは電話には全く出ないのですが、あまりに久しぶりだったので何かあったのかと思い、電話に出ました。内容は、わたしに振りたい仕事があるということでした。

電話越しですが、その時点で違和感を感じてはいました。ですが、そのときは、少し期間も空いていたこともあり、話を聞くため彼の住む場所まで話を聞きに行きました。

結果的に、その誘いは、当時のわたしには全く興味がないものでしたし、わたしではなくても問題がないような案件でした。

この件は、過去のパワーバランスを思い出し、わたし自身、譲歩して受けてしまったことですが、案の定、不毛な時間になっただけでした。

こうした上下関係から生じるパワーバランスのズレで、無駄な時間やエネルギーを費やしている人は、世の中にたくさんいるでしょう。

配慮はするけど、遠慮はしない

ここで大切なのが、人間関係において**「配慮は大切だが、遠慮はいらない」**ということです。

すぐやる人は、自分にも他人にも遠慮しません。自分の願いは全力で叶えにいきますし、相手が誰であっても、意見が違うと思えば違うと言いますし、誘いも断ります。

ただ、この一貫した生き方をすると、先にお伝えしたように人間関係の明暗がはっきり分かれます。

たとえば、あなたがある人に対し、今までどんな誘いも断らずにいたとします。それが、いきなり断るようになると、相手は2つのパターンに分かれます。

一つは、変わらず今までと同じような付き合いができる人。

もう一つは、態度が豹変して距離が離れる人。

断ることは、人格の否定ではないのですが、承認欲求が強かったり、相手を自分の傘下にしてコントロールしたい支配欲がある人は断られ続けることに耐えられません。自分を守るために、あなたを拒絶しはじめます。

なので、あなたが断ることに遠慮ない人になってくると、人間関係はスリム化し、大切な人との時間をより豊かにつくることができるようになってきます。

「相手の顔色」ではなく、「自分自身の本音」を大事にする

とはいえ、断ることを実践するには勇気がいります。

ですが、断ることは決してネガティブなことではなく、「**精査**」だとわたしは思っています。

相手と何かを共にするとき、大切なのは、「相手の顔色」ではなく、「自分自身の本音」です。

なぜなら、自分の本音とは違う行動をすることで得られるものは、本音で生きる人生で得られるものと比較すると、取るに足らないものだからです。

先ほどイメージしていただいた、あなたにとって誘いを断れない人たちですが、

断れない理由ではなく、今度は、本当はどうしたいか？を考えてみてください。

・同僚と毎月、月末になると決まって居酒屋で飲んでいる
・彼氏・彼女に毎朝、ＬＩＮＥで「おはよう」を伝えている
・パートナーとどこかに出かけると、必ずあなたがおごっている
・仕事のパートナーの提案は基本的に全部受け入れる
・上司に実力を認められ、新しいプロジェクトのリーダーとしての打診を受けた
・部下がトラブルを招き、クライアントからのクレームを対応する場面になった
・クライアントから限度を超えた過剰な問い合わせが来ている

こうした事例はいくらでも出せますが、いい人を演じている間は、そのほとんどを受け入れていくでしょう。

ですが、その先に待っているのは、「人生の消耗」だけです。

たとえば、TwitterやFacebookであなたが何かを投稿したとします。

おそらく「いいね！」がつくのは悪い気はしないと思いますし、友達やフォロワーからコメントをもらうのは嬉しいでしょう。

ですが、特に会ったことも話したこともない人から質問が届くのはどうでしょうか？

正直、わたしはめんどくさいので、ほぼ100％返事をしません。コメントに対し、「いいね！」くらいはするときはありますが、まだ会ったことのない人、自分が関わるコミュニティ以外の人と、ＳＮＳ上で親密にやり取りをする時間も気持ちもわたしにはありません。

その分、一度会った人や友人、仲間とはできる限り、コミュニケーションをとりたいと考えています。

人生の限られた1ページを刻む相手は、自分が好きな人、気になる人で埋め尽くしたいと思っています。


あなたの本音はどうでしょうか？

付き合いたくはないけど付き合わなければならない、そんなふうに思っている人が身近にいるのなら、思い切って離れるのも必要かもしれません。

嫌な人に囲まれていた人生から、好きな人だけに囲まれている人生に自分をシフトさせることで、あなたのエネルギーは上がり、行動力も上がってきます。


自分の本音に正直になりましょう。

本音で生きることで、離れる人も増えますが、残った人とは生涯付き合えるような関係性になることもできます。

すぐやる人になるために、断ることを自分でコミットすることからはじめてみてください。

3秒ですぐやる人になるコツ
16

いい人をやめて、気の乗らない誘いは断る

17

すぐやる人は「自分ファースト」。その結果、いつも人のために動ける

自分自身にギフトがあるか

人のことばかり、気遣って、自分の時間を犠牲にする。

助けてと言われたら助けるし、頼まれたら断れない。

そんな自分じゃダメだってわかってはいるけど、直せない、治らない……。

俗に言う、いい人、優しい人にはこうしたタイプの人が多いです。また、そうした人は基本的に誰にも嫌われたくはない、だから相手に尽くして安心感を得たいということもあるかもしれません。

一方ですぐやる人は、常に物事を「**自分ファースト**」で考えています。その行動の結果、自分自身に何かしらのギフトがあるかどうかを見極めています。

こう書くと、自分のことばかり考えている自己中心的なエゴイストと勘違いされるかもしれませんが、それと、「自分ファースト」には大きな違いがあります。

すぐやる人が、何よりも自分を優先する理由は、自分を大事にすればするほど、人のことも大切にできることを知っているからです。

ただのいい人は「自分ファースト」という考えを持っていません。

自己中心的なエゴイストにとっての「自分ファースト」は、文字通り、自分にだけ見返りがあればいいという意味。

すぐやる人の「自分ファースト」には、はじめから「誰かのために」があるのです。

人にだけではなく、自分にも優しくする

人に優しくすることは素晴らしい。でも、人に優しいだけでは、人生の幸福度は50％程度でしょう。

本当の意味で幸せな人生を送っている人は、自分にも優しいです。喜ばせたい相手にあなたが一生懸命考え行動するそれと同じくらい、自分自身をケアしたり、ご褒美をあげたりするのがうまいです。またそれが、すぐやる人の特徴でもあります。

あきらかに体が疲れているとき、あなたは自分を休ませてあげていますか？

つらいことがあったとき、その感情をなかったことにしていませんか？

すぐやる人は、こんなとき、文字通りすぐに体を休ませます。寝る時間を増やしたり、マッサージへ行ったりすることにお金と時間を投資します。

また、自分の感情を無視することもありません。どんなに嫌な感情でも一旦受け

止め、その感情が落ち着き、消えていくまで待ちます。

なぜなら、体が疲れていたり、精神が参っている状態で行動し続けることは不可能だからです。


いい人ほど、人のためにがんばってしまいますが、体や心は本人が気づかないうちに少しずつ疲労が溜まっていきます。

あきらかに体が疲れてきたと感じたり、仕事のパフォーマンスが落ちてきたなと感じてきたときは、かなり疲労が蓄積されていると見て間違いありません。

嫌われてもいい

126ページでもお伝えしましたが、わたし自身、元々、繊細で人に嫌われたくないタイプです。自分で言うのもなんですが、人のために自分を犠牲にしてしまうほうだと思います。

嫌われたくないあまり、余計にがんばってしまう、そんな自分の性格はずいぶん前から自覚していましたが、ある日、思い切って意識と行動を変えることを決めました。

一つは、**嫌われてもいいと決めた**こと。

もう一つは、**仕事は自分が好きな人とだけすると決めた**ことです。

わたしは昔からどちらかと言えば友達は多いほうですが、自分の大切な時間を使って何度も会いたいと思える人は、今も昔もほんの一握りしかいません。

自分が誘う相手、誘われて嬉しい相手は思ったより少ないんだなと気づいたとき、であればそれ以外はいてもいなくても、人生にさしたる影響はないなと思ったのです。

自分は誰と会いたいんだろう？

誰から誘いを受けたら嬉しいんだろう？

ここの基準はわたしの中で明確なので、それ以外で誘われたら初見の人はもちろん、二度目以降の人でも断ることにしています。

また仕事柄、表で表現活動をすることもありＳＮＳや人づてで、わたしに対するいろんな噂話が飛んでくることもたまにあります。以前、このルールを決めるまでは色々とモヤモヤしたこともありましたが、今は全く気にならなくなりました。

嫌われてもいいと決めることは、あなた自身が誰を好きになって、何を大切にして生きるかも自由だということです。

わたしは、女性支援に人生の軸足をおいて活動していますが、この活動がある程度広まってきたときに、いろんな噂話を流されていることにも、それを誰が流しているのかも、友人づてで教えてもらったのですが、反論することもしませんでした。

ビジネスやわたしのビジネスパートナーたちに、物理的な危害が加わるなら話は別ですが、相手がこちらの活動を見て何を感じどんなことをしたいのかもまた自由だよなと思いました。

以前は、こうしたことが許せず、自ら揉め事の渦中につっこんでいた時期も多かったのですが、この意識に変えてから、対人関係において大きな揉め事が起きることはほとんどなくなったのです。

気持ちが揺らぐ時間が圧倒的に減ったことで、結果、よりすぐやる自分でいることができるようになりました。

3秒で
すぐやる人に
なるコツ
17

自分を犠牲にせず、誰よりも自分に優しくする

18 好きな人のためなら、行動力は上がる

好きな人とだけ仕事する

もう一つ、大切なのが、仕事は好きな人とだけやるということです。
わたしの周りのすぐやる人は、みんな自分が好きな人とだけ仕事をしています。
相手が好きな人ですから、互いに性格も熟知していますし、意思疎通も早いです。
結果的にすぐやることが普通になるのです。

わたしの場合、ここで言う「好き」という言葉の中には、**安心・安全、信用や信頼**の意味も含まれています。

辞書で「好き」を調べると、「心がひかれること」「気に入ること」と出ます。

この「好き」は、人それぞれ違うと思いますし、シチュエーションによっても変わります。ビジネスにおいての好きな人と、恋愛においての好きな人は違いますよね。

自分自身にとっての「好き」とは何かを考えることは、自分自身の軸を知るためにも有効ですので、ぜひ一度時間をとって考えてみてください。


好きな人と仕事をすると楽しいし、結果も出ます。

わたしの場合、ビジネスにおける好きな人には「すぐやる人、素直な人、かしこい人、途中で投げ出さない人、人の気持ちがわかる人」も含まれているので、今、身近で一緒に仕事をしている人たちへのストレスは限りなく0に近いです。

人間関係が充実しているので互いにすぐやる状態を保てています。


人に優しく居続けられる人、人を応援し続けられる人、人のために動ける人は、

自分の快・不快に素直です。まるで、自分の内側にいるもうひとりの自分と対話しているかのように、自分の本音と向き合い生きています。

自分に素直だから行動に無理がありません。結果、相手のこともゆとりを持った状態でケアできるのです。

大好きな人に囲まれると、行動力も上がる

あなたにとって特別な人はどんな人でしょうか？

あなたが好きな人とは、何をしていて、どんな性格で、何を大切に生きているでしょうか？

好きな人に囲まれる生き方とは、単に心地よさだけではなく、行動力も上がる生き方です。

嫌いな人に対して、仕事の指示を出したり、されたりするのは精神が摩耗します

が、好きな人に対しては配慮をしながらお願いすることができますし、相手もまた、あなたを気遣ってくれます。

これまでは「稼ぐため、生活するために働く」時代でしたが、少しずつ、「楽しむために働く」「楽しんでいたら気づくと収入もついてきた」、そんな時代に移行しています。

たとえばYouTuberなどは、その一つですね。

実際は、ユーザーの期待に応えることが義務感になって疲弊しているYouTuberもいますが、発信すること、伝えること自体が楽しくて続けていたら、いつのまにかチャンネル登録者数が万単位で増えていた、という人もたくさんいます。

自分に素直な人ほど、あらゆるものが手に入る

自分に素直な人ほど、あらゆるものを手にするスピードが早くなっている時代です。

これまで、どんなに才能があっても、やりたいことがあっても、時代や社会の仕組みが追いついてなく、やりたいことができず泣き寝入りしていた人もたくさんいたかもしれません。

ですが、すでに大企業や大きな資本に頼らずとも、自分が自分の好きを通じて表現活動する舞台は整っています。

あなたにとって心地よくない人がいたとしても、その人は別の誰かにとって心地よい人かもしれません。あなたのことを嫌いな人がいたとしても、あなたは誰かにとっては確実に大好きな人です。

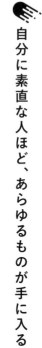

今、わたしは7つのオンラインサロンをプロデュースしていますが、サロンオーナー、運営チームともに、わたしが好きな人だけと仕事をしています。**自分自身が好きな相手だからこそ、ただの仕事ではなかなか押せない「やる気スイッチ」が押せる**ようになります。

シンプルに言えば、みんなのためなら、全力でがんばろう、支えよう、応援しようと思えるのです。

自分が好きな人を守り支えること。ただし、自分自身を犠牲にしないで、絶妙の間合いで関わること。そうした考えは、騎士道精神に近いものがありますが、わたしはそれを「**ナイト論**」と称し、伝えています（騎士＝ナイト）。

そこで大切なマインドセットが、「自分は偏った人間だということを認める」ということです。

人は、好きな人のためならがんばれる生き物

好きな人ならがんばれるけど、好きじゃない人のためにはがんばれない。決して仲良くなれないわけではないけど、どうせなら、身近にいてほしいのは好きな人だけがいい。

聖人君子を目指すのではなく、自分自身のポテンシャルの最大化を追求する生き方。

自分の好きな人を支える生き方を通じて、自分本来のパフォーマンスを発揮する。苦手な人と関わり、苦労しながら自分を高める苦行からの卒業。

自分の好きな人とつながり、その中で起きる人生のさまざまなドラマを通じて成長する。

それが、「ナイト論」の考え方です。

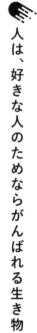

好き同士でも当然色々なことが起きます。外部の人からの声や、噂話などを含め、本人間では預かり知らぬトラブルに巻き込まれることすらあります。

それでも、一つひとつ向き合い乗り越えていくと当事者間にあった「信用」が「信頼」にアップグレードされるのです。また一段階深まった関係性で乗り越えられないものはほとんどなくなります。

人を好きになることは自由ですが、それはとてもシビアなことだと思います。好きになるということは、少なからずその人を自分の人生の中に受け入れるということですから。

ですが、**勇気を出して好きを貫き、贔屓《ひいき》している自分も許し、目の前の人間関係を大切に生きていると、遅かれ早かれ、嬉しいギフトがやってきます。**

それは、ストレスのほとんどない至福の日常です。

3秒ですぐやる人になるコツ 18

周りを好きな人だけで固める

19 すぐやる人は、ときに冷酷

出会いと別れを意図的につくる

わたしたちは日々、生きているだけで出会いや別れを経験します。

ですが、すぐやる人は、出会いと別れを意図的につくります。

すぐやる人は当然、結果を出すのが早いです。

今まで自分がいた環境が変わり、ステージが上がるときは、人間関係において決まって変化が起きます。

たとえば、今の環境から卒業するときは、今いる人たちとの別れがあります。それが円満に終わるときもあれば、そうでないときもあるでしょう。

以前、約1年かけて本気で動いていたある事業がありました。

その事業はわたしの思いにもつながり、かつまだ誰もやっていない仕組みだったため、起ち上げ当初からプロデューサーとして関わり、仕組みづくりにがむしゃらに奔走していました。

体制も整い、プロジェクトの仕組みも少しずつカタチになってきた頃、ある大きな問題が起きました。


それはプロジェクトのトップの人間に対する不審でした。

お金に対する向き合い方、プロジェクトメンバーに対する向き合い方、そもそも経営者としての事業の進め方、わたしたちの中にはいろんなクエスチョンがついて、何度か話し合いましたが、解決する糸口は見つかりませんでした。

わたしは自社の仕事以外に、その事業で約8カ月間、自身のLINEに届く毎日平均500件の問い合わせに直接対応していました。時間も十分すぎるくらい捧げましたし、ほぼプロジェクトが0の状態から関わっていたので、思い入れもありましたが、それ以上に思っていたのは、このまま続けていても誰も幸せにならないなという確信でした。

三度話して、変わらないなら辞めようと最初から決めていたので、三度目に話したとき、何も変わらない相手のあり方を見て、わたしはプロジェクトから抜けました。

出会いと別れのルールを決める

わたしたちはそれぞれが全く違う人生を歩んできましたし、あなたと全く同じタイプは一人としていません。

さまざまな価値観を持った人たちが出会い、紡ぎ合うのが人間関係で、仕事や恋愛のようにより深く関わり合うとき、顕著になるのが、お互いは別の生き物だということです。

すぐやる人はそれをよくわかっているので、出会いと別れについては自分のルールを決めて生きています。

参考までにわたしのルールをご紹介します。

【出会い（深く付き合いたい人）の基準】

・その人の中に純粋性を感じるか
・面白い人・マニアックな人
・美容と健康に気を使っている人
・他人の悪口を言わない人

【別れの基準】

・違和感が止まらなくなったとき
・行動の基準が「マネーファースト」になったとき

・人の気持ちにより添えないとき
・一緒にいて窮屈になってきたとき
・望まないことを強要されたとき

これはわたしの基準で、ほとんどが感覚的なものですが、わたしの中ではかなり明確です。この基準に達すると、自分の体が違和感として反応してくるので、ザワザワしたり、気分が悪くなったりします。

どんな人でも分け隔てなく、接する自分で在ることは、人間の到達点だと思います。歴史上、「聖人」と呼ばれた人たちはそのような人たちだったのかもしれませんが、わたしが思うに、大切なのは、限られた人生の中で、自分の大切な人をどこまで大事にできるかなのです。

人生は有限である

すぐやる人は、人生が有限であることをよくわかっています。

心理学の巨匠、アルフレッド・アドラーが「すべての悩みは対人関係の悩みである」と言い切ったように、すぐやる人は、自分の周りが心地よい環境づくりを徹底しているのです。

「人を切る」。

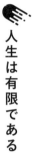

この言葉は、一般的にあまりいいイメージはないでしょうし、わたしも好きな言葉ではありません。ですが、膨大な人間関係を通じて痛感しているのは、この世界は、天使も悪魔も同じことを言っているということです。

表面上の言葉や実績、権威などで人を判断し、自分だけではなく、大切な誰かを巻き込んでしまう。

正直なところ、わたし自身、今でも過ちを犯してしまうことがあります。そんなときは、巻き込んでしまった人にすぐに謝罪することを徹底しています。

ただ、これまでと違うのは、とりかえしのつかない状況になる前に気づき、対策が打てるということです。

先ほど、撤退した事業の話をしましたが、あの経験は決して悪いことや過ちだけだったわけではありません。

あの場所に集まり、共に仕事をしてきた仲間とは、今でも繋がり、新しいプロジェクトをはじめるための準備を進めています。

この関係性も、わたしがうだうだ撤退することを先延ばしにしていたら、紡げなかっただろうと思うのです。

あなたが勇気を出して決断することで、喜ぶ人や救われる人がいます。ですが、一方で嫌な思いをしたり、恨まれたり、罵られたりすることもあるでしょう。

ですが、**それでいいと決めること**が大事です。

すぐやる人もまた、そうした経験を乗り越え、今があります。

3秒ですぐやる人になるコツ 19

違和感を感じる人からは、離れてみる

第5章

人生は「すぐやる人」に味方する

20

すぐやる人は「直感」を信じている

チャンスに気づかせてくれる不思議な力

なぜか、ふとこんなことを思った。その通りに行動したら人生が変わった。

会うはずのない場所で、偶然ある人と再会した。気づけば二人は結ばれた。

とても楽しそうなイベントの誘いを受けた。でも、うまく言えないけれど違和感を感じたので断った。そのイベントは結局、悪徳なビジネスの誘いだった。

こんなふうに、なぜそう思ったのかはわからないけど、わたしたちにはときおり、自分を守ったり、チャンスに気づかせてくれる「直感」が働くことがあります。

それは、五感（視覚・味覚・聴覚・触覚・嗅覚）を超えた第六感（シックス・センス）を通じてもたらされているもののようです。

直感は誰にでも多かれ少なかれ備わっているものですが、これまでこうした話はオカルトだ、怪しいだなどと言われ、まともに議論されることはありませんでした。

ですが、いつの時代もすぐやる人は、直感を信じて行動し、道を切り拓いていました。

「創造しようとするならば、直感に従いなさい」（レオナルド・ダ・ヴィンチ）

「直感の7割は正しい」（羽生善治《はぶよしはる》）

「唯一の本当に価値あるものは直感だ」（アルベルト・アインシュタイン）

「直感を信じて行動しろ」なんて言葉で言うのは容易《たやす》いですが、実際は怖いです。

なぜなら、わたしたちは子どもの頃から答えを探し求める教育で育ち、答えのないものに対して免疫がないからです。

ですが、本来、直感は単なるインスピレーションではありませんし、再現性のないものでもありません。

直感を信じて行動するということは、博打《ばくち》でもなんでもなく、**最も現実を変える可能性のある最高の選択**です。

直感の精度は上げられる

すぐやる人は、直感は行動を通じて経験値を上げていく中で「精度」を高められることを知っています。行動のすべてに無駄はないとわかっているので、行動し続けることができるのです。

将棋の羽生善治さんも膨大な数の将棋を指してきたから、土壇場で神の啓示のように直感が降りてくるのでしょう。

フィギュアスケートの羽生結弦《はにゅうゆづる》選手も膨大な練習を積み重ねてきたからこそ、直感を体がとらえ、最高のタイミングで4回転ジャンプを飛ぶことができるのです。

直感の精度を上げてくれるのは、行動だとお伝えしましたが、その中で大切なのは**失敗体験**です。あなたの過去にも手痛い失敗や、後悔があるかもしれませんが、それらの経験はすべて今のあなたの直感力を上げてくれているのです。

直感を信じるということは、過去の自分を信じるということですね。結局、自分自身を信じる人は、直感に従った結果、起きることすべてを受け入れているので、どんなときでも直感を信じて1歩踏み出すことができるのです。

すぐやる人は、覚悟がある人です。こうしたあり方が軸にありますので、他人に自分の人生を明け渡すこともありませんし、自分の周りに起きた出来事を他人のせいにすることもありません。

3秒ですぐやる人になるコツ 20

直感を信じて行動する

20代の頃、わたしのあり方の師はこんなことをわたしに教えてくれました。
「直感とは、未来の自分からのメッセージ」だと。

過去の自分が経験を通じて高めてくれた直感。
それを信じて、今行動する今のあなたに向けて。
未来の理想の自分が「大丈夫。進もう」と後押ししてくれている。

直感を信じて行動しましょう。その先には、素敵な未来が待っています。

21

過去に縛られず、「今ここ」に集中しなさい

過去に縛られると動けなくなる

過去の後悔と未来の不安。

わたしたちは、過去と未来に意識を奪われ、今ここにある素晴らしいものに気づかず、おざなりにしがちです。

一方ですぐやる人は、**「今ここ」**に集中して生きています。

大ヒット漫画『ＯＮＥ ＰＩＥＣＥ（ワンピース）』（尾田栄一郎、集英社）の主人公ルフィは、文字通り「今ここ」にしか生きていません。

「海賊王になる」という究極のゴールを掲げながらも、旅の最中に訪れる、数々の試練の間、そんなことを忘れているかのように、今を生きています。

仲間を侮辱されたら、相手が天竜人《てんりゅうびと》（貴族）であろうとぶん殴ります。

愛する兄を助けるためなら、たとえ寿命が縮むことがわかっていても、毒抜きのドーピングをして、再び戦地に向かいます。

たくさんの出会いと別れを繰り返すのが人生ですが、ルフィのようなある意味、刹那的な生き方は、本人はもちろん、その生き方に触れた人たちの記憶にも思い出として刻まれる、素晴らしい生き方です。

大人になるにつれ、わたしたちは少しずつ今この瞬間を生きることから離れていきます。

「今ここ」の大切さをわかっているのに、それが叶わない。競争や人との比較に取り囲まれた社会の仕組みでは、それが難しいのはある意味で仕方ないことだったたかもしれません。

ですが、人によっては、仕事だったり、恋愛だったり、自分が夢中になれるシーンでは、「今ここ」を全力で生きています。そのときは、間違いなく、あなたはすぐやる人になっているはずです。

体が勝手に動いてしまう

どうしようもなく好きになってしまった人、好きすぎて、その人のことを考えると何も手がつかない、やる気が起きない。連絡がとれないと心配になる。こんな経験、ありませんか？

そんなとき、人によっては、「盲目になりすぎ」とか「中二病」とか「メンヘラ」のようなジャッジをしてくるかもしれませんし、生活に支障をきたすレベルの恋は危険だと、あなた自身も思うかもしれません。

ですが、「今ここ」に生きるとは、まさにそれなんです。

生産性なんて度外視した今。
未来になんのつながりも期待できないような今。
ただ好きだから、ただやりたいからやるし、体が勝手に動いてしまう。
それが「今ここ」に生きているという証です。

強烈に恋い焦がれた相手が過去にいた。その恋は、運命の悪戯《いたずら》で終わってしまった。それでも当時のあなたは、間違いなく本気で恋をしていた。それは「今を生きていた」という証であり、宝物です。

恋愛でも仕事でも学生時代の部活動でも、あなたの過去にそんな思い出があるのでしたら、一度じっくりイメージの中であの頃に戻り、感情を感じてみてください。
あのときの本気さ、不器用だったかもしれないけど、がむしゃらに今を生きていたあの頃のあなたは、今もなお、あなた自身の内側に存在しています。

本当はいつだって、あなたは、すぐやることができるのです。

成功するか不安、失敗しないか不安。
こんなことをやったら、周りから白い目で見られるかもしれない、仲間はずれにされるかもしれない。
大人になればなるほど、社会の常識に従順になればなるほど、人はこうした起きてもない不安にとらわれ、動けなくなってしまいます。

ですが、あなたの人生はあなたのものです。

誰もが、自分自身の人生のストーリーを生きる権利があり、またそれを自分自身で創造することができるのです。

この現実の世界では、行動なしでは、何かを生み出すことはできません。自分の人生のクリエイターは自分自身であることを、すぐやる人は無意識レベルで知っています。

悔いのない人生にしよう。

このありふれた言葉が大好きです。そしてそれを実現するには、「今ここ」を悔いのないように生きることです。

今あなたのご家庭や近所で笑顔で走り回る、子どもたちのように。

3秒で
すぐやる人に
なるコツ
21

「今ここ」に集中する

22

「過去の恋愛」を引きずらない方法

前の恋人が忘れられないあなたへ

たとえば恋愛において、前の彼氏をひきずりながらはじめた新しい恋愛は、たいていがうまくいきません。

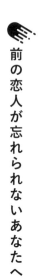

それが、前の彼を忘れようとはじめた恋の場合、はじめの頃は、楽しくて忘れたように思えても、実際は、より前の彼との思い出が美化され、いずれ今の恋愛が耐えられなくなってしまいます。

すぐやる人は、終わった過去に引きずられません。後悔は過去に置き去りにし、また0からスタートを切ることができます。

とは言っても、つらい過去を忘れるなんてそう簡単にできるわけではないですよね。

実際、恋愛においては、女性よりも男性のほうが後に引きずる傾向があります。一見大丈夫そうに見えても、失恋で打ちひしがれ、復活まで長引くのは男性です。

男性が、他の女性と遊んだり、外に遊びに出かけたりするのは、自身の寂しさを埋めるための行動が9割なのです。

過去への後悔は、あなたをすぐやる人から遠ざけてしまいます。

前項でもお伝えしましたが、大切なのは、今この瞬間、「今ここ」に意識を向け行動することです。

「過去の恋愛への未練」を断ち切り、新しい恋愛を楽しむ秘訣

では、そんな状態になるにはどうすればいいでしょうか？

わたしが共同講師として主催している女性向けの恋愛講座「メロメロアカデミー」では、「過去への後悔を0にして新しい恋愛を100％楽しむワーク」として、以下の2つのエクササイズをやってもらっています。

エクササイズ① 過去の恋愛の感情を感じきる

すべての別れが美しいものなら、何も問題はないのですが、現実はそうもいきません。

相手が浮気したり、既婚者だったことが発覚したり、付き合う前と後では態度が豹変したり、大きな傷を負って終わる恋愛もあります。そんな人には必ずこのワークをやってもらっています。

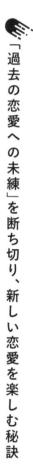

わたしは「別れ」は精神的な別れも完了してはじめて、本当の別れだと思っています。この観点に立つと、多くの人が、過去の彼と完全に別れないまま、新しい恋愛をはじめようとしているのに気づきます。

新しい恋を幸せなものにするには、過去の恋を完全に終わらせなければなりません。そうしないと、新しい恋にいつまでも過去の恋愛を投影するループから抜け出せなくなるからです。

そのためにまずは、過去の恋愛で記憶に残るシーンを振り返り、感情を感じきることが必要なのです。

これは言葉で言うよりもかなりしんどいワークになります。

一緒に旅行へ行った思い出、お祝い事、ただただ部屋でまったりした日、ケンカしたこと、仲直りしたこと。

あらゆる場面、あらゆる出来事を、思い出せるだけ思い出します。感情を感じようとしなくても、出来事を思い出せば、感情は自然と湧き上がってきます。あまりにもキツかった出来事は目を背けたくなるでしょう。メロメロアカデミーでは、一人ではできないことも、講師陣とメンバーでサポートしながら取り組んでいます。

繰り返しになりますが、このワークはしんどい分、効果は抜群です。ワーク中、笑ったり、怒ったり、泣いたり、いろんな感情が交差しますが、それ以降、以前よりも格段に過去の恋愛にひっぱられる時間が少なくなります。

エクササイズ② 今の恋愛をしながら、過去の恋愛に感謝する

もう一つは、「今ここ」からの行動です。

すでに新しい恋がはじまっているなら、この話を相手にすることはトラブルにな

る可能性があるのでぜひ控えてくださいね。

付き合い当初はたいていの恋愛は楽しいものです。どんなに過去の恋愛がしんどかったとしてもそれを忘れたように心地よさを感じるでしょう。

ですが繰り返しますが、そんな状態も本当の意味で過去を終わらせない限り、長続きはしません。

そのために必要なのが、**過去への感謝を意図的にやる**ことです。

目の前の相手と楽しい時間を過ごしているときでも、ふと過去の相手を思い出すことがありませんか?

それに対し、罪悪感を感じてしまう人もいると思いますが、わたしはそれは至極正常なことだと思っています。それだけ、過去のあなたも本気で恋愛をしていた、ただその事実があるだけです。

今の恋愛が楽しいのは、間違いなく、過去の自分と相手との恋愛があったからです。それが、どんなにつらい終わりだったとしても、そのときの経験は今の最高の恋愛をするために必要だったのです。

今の相手といるときでも過去を思い出してしまう。

そんなとき、過去の出来事や相手へ「ありがとう」を伝えてみてください。できれば、声を出して、時空を超えて過去に感謝を届けるイメージで。

これを続けるとある日、**過去の思い出の中にあるすべてが感謝に上書きされる**ときが来ます。そのとき、あなたはエネルギーのすべてを今の恋愛に注ぎ込むことができます。

恋愛を事例にして話しましたが、すぐやる人は、仕事の面でも同じことをやっています。

過去を思い出したら、ありがとう。
このシンプルですが強力な行動をぜひ、習慣化してみてください。

3秒で
すぐやる人に
なるコツ
22

過去の恋人や思い出に「ありがとう」を言う

23

すぐやる人は「睡眠」を愛する

よく眠ることで、勝負どころで爆発的に動ける

わたしの友人に投資家の女性がいます。

彼女はビジネスパートナーで飲み友達でもあるので、いろんな場所で一緒になることが多いですが、いまだかつて、**彼女が急いだり、焦ったり、走ったりしているところを見たことがありません。**

ですが、彼女は間違いなく、すぐやる人です。

すぐやる人にもいろんなタイプがいます。

つねに安定的に行動が早い人や、一定時間だけ行動が早くなる人などです。

彼女はその中で、「やることが明確で、期限が決められているものの場合、爆発的にすぐやる人」です。

そしてその**爆発力の秘密は、彼女の睡眠との向き合い方にある**のです。

すぐやる人である彼女は、睡眠を愛しています。


あなたは普段、十分に寝ていますか？

十分な睡眠をとれているでしょうか？

睡眠不足でいいことは一つもありません。ショートスリーパーがいいと言われることもありますが、それはあくまでビジネスシーンで評価されるのみで、主婦の方や子どもたちには当てはまらないでしょう。

子どもはよく食べ、よく寝るから育ちます。それは大人も同じですよね（まあ、年齢を重ねれば重ねるほど、食べる量は減っていきますが）。

ハードワークをしている人の中には、寝ること自体に罪悪感を覚えている人もいる気がしますが、**「寝る」ことは、自分を休ませ、癒やし、整えてくれる聖なる行為です。**

すぐやる人は、寝ることに罪悪感はありません。

むしろ睡眠を愛しています。

本1冊も6日で書ける

友人の女性の話に戻します。

彼女は今、投資家として活動していますが、よっぽどのことがない限り、午前中に仕事を入れないスタイルを徹底しています。

「それは投資家だからできることでしょう」という声が聞こえてきそうですが、ここであなたにお伝えしたいのは、彼女の**省エネのライフスタイル**です。

投資家としても圧倒的に結果を出し、ビジネスをやれば、それもうまくいく。

ですが、はじめに書いたように、特に彼女ががんばっている姿を見たことはありませんし、ピリピリしている姿を見たことも一度もありません。

では、何もしていないかというとそれもまったく違うのです。


以前、わたしが関わるプロジェクトで彼女に投資講座をつくってもらったことがあります。

撮影日は依頼してから1週間後と、かなりタイトな日程の中、彼女には講座と動画解説の台本までをつくってもらったのですが、その講座のクオリティの高さに驚きました。

さらにもっと驚いたのは、彼女はそれをたった1日で完成させたと聞いたときです。

ちなみに、彼女は著者でもあるのですが、自身の本の原稿の約10万文字をたったの6日で書き終えていました。通常、本の執筆は早くても1カ月、長い場合は半年以上かかると言いますから、そのスピードには驚きました。

普段の彼女を知っているわたしは、どこにそんな瞬発力とパワーがあるのか不思議になりました。そんな質問を彼女にしたことがあるのですが、彼女はさらっとこう言ったのです。

「んー、省エネで毎日生きることと、あとは睡眠大事だよねー」

がんばることがあたりまえだと教えられ、それを強要されている人も、世の中にはたくさんいます。ですが、がんばり方を間違えている人もいるのではないでしょうか？

省エネで生きることとは、1日を楽しんでいないという話ではありません。彼女は旅行が大好きなのですが、普段からどこにいるかわからないくらい、アクティブに世界中を旅しています。

そのライフスタイルをもってして自身を「省エネ」と言えるのは、彼女は睡眠を何よりも大切に、十分にとることを徹底しているからです。

ちなみに、彼女が午前中は仕事をしないことは、ビジネスパートナーの間では暗黙の了解になっています。わたしも彼女に仕事のＬＩＮＥをするのは決まってお昼休みを過ぎた頃にしています。

自分のライフスタイルを崩さない

もう一人、ビジネスパートナーで子育てママ専門のカウンセラーをしている女性がいます。

彼女はインスタグラムのフォロワー数が3万人超えという、大人気カウンセラーですが、まだ彼女は小さいお子さん2人を育てているので、基本的に寝るのが早いです。

なので、一緒に仕事をしはじめてからは、彼女に21時以降に仕事のＬＩＮＥをすることはありません。

その分、起きるのは4時、早くて3時のときもあるので、わたしは起きるのが平均で6〜7時ですが、朝に関しては、一切気にせず連絡することにしています。

彼女たちは、自身のライフスタイルと睡眠をとても大切にしています。

それを守り崩さないから、短期間で最高のパフォーマンスを出せるのです。

彼女たちはとにかく仕事が早いです。こちらの期待値を遥かに超えたスピードとクオリティで仕上げてきてくれるので、やりやすいですし、一緒にやっているプロジェクトも、とてもうまくいっています。

すぐやる人は、睡眠を愛しています。

それは、自分自身のパフォーマンスを最大化させるために、睡眠の質と、時間を大切にしているということです。

あなたもぜひ、睡眠との付き合い方を見直してみてください。

3秒ですぐやる人になるコツ 23

自分のライフスタイルと睡眠時間を大切にする

24

すぐやる人は1冊の読書が1時間以内

積ん読が溜まってしまうのはなぜだろう?

昔から言われていることですが、本は究極のインプット媒体です。著者の人生を通じて学んで実践してきたことを1冊の本を読むだけで吸収することができます。

わたしの知り合いで読書会を主催している人がいますが、出勤前の早朝にもかかわらず、毎日20人ほどの人が集まるそうです。1時間ほど本に触れ、インプットしてから日常へアウトプットの旅へ出かける。理想的で効率的だなと思います。

小説などと違い、ビジネス書や自己啓発書、健康本やレシピ本も、それを読んだら次にやることは実践です。

インプットだけでアウトプットしなければなんの意味もないどころか、知識だけ溜まり、脳がパンクすることにもつながります。

すぐやる人は学んだことを即アウトプットする習慣がついています。 また読書は1冊1時間と決めて、1冊の本の質よりも複数の本から学ぶ数を重要視しています。どんなに素晴らしい本でも、200ページ以上にわたってすべてがためになる本はありません。

また今の自分の状態やレベルにおいて、学びになるものもあれば、今は刺さらないものもあります。

1冊全部じっくり読むのは愚の骨頂

1冊の本を1回読んだだけですべてを得ようとする思考を捨て、1時間以内でできるインプットを実践する。

このサイクルが習慣になると、本を次々と読めるだけでなく、現実世界でもより行動的になれます。

わたしは基本的に本を買うときは3冊～5冊をまとめ買いします。それを1日1冊1時間ずつ、3冊なら3日、5冊なら5日かけて読みます。

本を買う基準は「面白そう」だけです。

読みたいテーマも特に考えません。

「はじめに」と「目次」を読んで「面白そう」だったらレジに持っていく。書店も長居することなく、滞在時間はいつも5分程度です。

これを実際にやるとわかりますが、買って読んではみたものの、つまらない本はやっぱりつまらないです。

そのときは、最初の1時間が、その本を読む最後になります。

一方で、読みながらどんどん引き込まれる本もあります。そんなときも、読書時間は1時間以上は延ばしません。

ですが、また次のサイクルのときに読む候補として処分せずに残しておきます。

本は行動するために読む

先ほどもお話ししましたが、自分自身の現時点の状態によって、同じ本でも得られるものは変わってきます。

ある日は「つまらない本」が、別の日は「面白い本」になることは、ほとんど期待できませんが、「面白かった本」は時間を置くと、「さらに面白い本」になることが往々にしてあります。

20代の頃のある時期、わたしは自己啓発書マニアでした。毎月最低でも10冊以上は読んでいました。

若い頃は気分の浮き沈みが激しかったので、自己啓発書や、偉人の名言などで自分を鼓舞する典型的なパターンを繰り返していました。

ただ、それを繰り返しても当時のわたしの現実は、何も変わりませんでした。

なぜなら、実践が伴ってなかったからです。

ある自己啓発書を夢中になって読み、沈んでいた気持ちが元にもどってくると、当時のわたしが次にやるアクションは、行動ではなく、また次の自己啓発書を読むことでした。

ひどいときは1日で5冊読んで結局、読み疲れて寝るといったこともありました。

本を読んでいるときは、ある意味、著者の世界に足を踏み入れている状態です。

小説まではいかないまでも、それは自己啓発書でも同じような感覚になります。

そこから現実世界に戻り、行動をはじめるのはたしかに負荷を感じます。

だから、**読書にかける時間を最小限にし、すぐに現実世界に戻れるフットワークの軽い状態を維持することが大切**です。

本との付き合い方は人それぞれで正解はありませんが、本の学びをすぐやる自分になるにはこのスタイルがオススメです。

3秒ですぐやる人になるコツ 24

本を1冊読んだら、必ず行動に移す

25

すぐやる人は、お金を支払うスピードも早い

自分の心が反応したものには躊躇なくお金を支払う

お金との向き合い方をみれば、その人がすぐやる人かどうか一発でわかります。その基準はシンプルに「**金払いがいいか、悪いか**」です。

金払いがいい人ほど、すぐやる人で、金払いが悪い（遅い）人ほどなかなか動けない人。これは万単位の人と会ってきたわたし自身の確信です。

先ほど192ページで紹介した、わたしがプロデュースしているお金のオンラインサロンのオーナーである投資家の女性がよく話すのが、「お金持ちは金払いがいい人が多い」です。

この「金払いがいい」とは、気前よく人におごるとかそういうものではなく、純粋に支払いのスピードが早いということです。

たとえば月末でお金に余裕がない場合、多くの人は月末を凌ぐために出費を抑える方向に思考を向けます。

ですが、すぐやる人は、そんなとき、自分の心が反応したものに対しては躊躇なくお金を支払います。

月末になると毎月お金がない → だから給料が入るまで節約する

これが、あなたの毎月の行動パターンだとするなら、来月も再来月も1年後も同じ状態が続くだけです。

人生を変えたいなら、自分自身の行動パターンを変える必要があります。

わたしは現在、複数のオンラインサロンやプロジェクトを社内で抱えています。

ビジネスパートナーや外注先を含め、毎月月初に報酬をお支払いする相手は、23人います。

わたしの月初の楽しみは、みんなに報酬をお支払いすることです。毎月、一緒にサロンを運営してくれたサロンオーナーや、運営スタッフの顔を浮かべ、心の中で「ありがとう」と唱えながら、振り込みボタンを押すのが大好きです。

彼女たちは他にも仕事を抱えていますし、わたし以外にいろんな人と関わっています。

その中でわたしは一番最初に、報酬を振り込めるパートナーでいたいと思い、決済で使うシステムも、売上が月末に自社に振り込まれる媒体を選び、必ず月初（可能な限り毎月1日）に振り込める状態をつくりました。

自分との小さな約束を守る

自分に自信をつけたいなら、小さな約束を守ることが大切です。

それは、**他人との約束よりも、自分が自分に課した約束を守るほうが、何倍も強力**なのです。

以前のわたしは、ある大きなトラブルをきっかけに、毎月、明日のご飯代も払えないくらい困窮した時期がありました。

その時期も今と変わらず、取引先や、諸々の支払いなど必ず支払わなければならないものがありました。

ですが、当時のわたしは、毎月毎月、取引先に頼み込んで、支払いを遅らせてもらうように奔走していました。

あのときと、今のわたしの、根っこの考えは全く変わっていないにもかかわらず、「すぐに払えない」という現状と事実だけが、わたしの信用を奪っていきました。

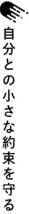

誰にでもお金に困る時期はありますし、振り返ると自分を成長させてくれたいい思い出ですが、あの頃は相手に申し訳ない気持ちや罪悪感で自分に自信をなくしてしまっていました。

あの頃の教訓があり、その後のわたしは**どんな小さな支払いも、すぐやる**ことを徹底しました。

たとえば、友人が旅行に行った先で買ってきてほしいものがあり、それを買ってきてもらうとき、わたし自身のルールとして、「すぐに会えないなら先に振り込む、すぐ会えるならすぐ手渡しする」を徹底しています。

お金はエネルギーです。

循環するスピードを上げれば上げるほど、自分に返ってくるスピードも上がります。結果的に、自分も周りも豊かになるのです。

すぐやる人の人生が豊かなのは、お金のような物質的なものを循環させるスピードが早く、結果それが、目に見えないエネルギーとして返ってきているからなのです。

3秒ですぐやる人になるコツ 25

小さな支払いでも、すぐに支払うことを徹底する

26

コレを受け入れると、行動力は飛躍的に上がる

「すぐやる人」になるために、避けては通れないこと

たとえば、この本をあなたが熟読されて、実践してすぐやる人になれば、おそらくかなり早い段階で、人生の景色が変わってくるでしょう。

ですが、絶対に避けては通れないことがありますので、ここではそれについてお話ししたいと思います。

それは、あなたは必ず失敗を経験する、ということです。それも頻繁にです。

すぐやる人は、失敗がとても多いです。

なぜなら、すぐやるからです。

禅問答みたいな話になりますが、だからこそ、すぐやる人は成功しやすいし、自分の理想の幸せを自分の手で手繰り寄せることができるのです。

わたしは過去、14年間の経営人生の中で、会社を8社起ち上げました。

数だけ聞けばやり手のように思われますが、実際はそうでは全くなく、自然消滅（休眠）を含めれば、8社中、7社を潰しましたから、自慢できたものではありません。

会社を起ち上げた20代の頃は勢いだけで次々とプロジェクトを動かし、リモートや外部のスタッフを含めると300人以上雇い、会社もどんどん増えてきました。

ですが、勢いだけで突き進んだ先に待っていたのは、たくさんの挫折と人間関係のトラブルでした。

共に会社を起ち上げた仲間たちとは、絶縁し、弁護士を介し訴訟1歩手前の事件になったり、信頼しているパートナーには裏切られ、1日で1億円の売上見込みが

０になったこともありました。
社長なのに、追い出されたこともありましたし、事実無根の疑いを立てられ、わたしが２０００万円を横領したと、吹聴されたこともありました。

当時を振り返ると踏んだり蹴ったりですが、事の大小に限らず、すぐやる人には失敗はつきものです。まるで腐れ縁のように、失敗といつも隣り合わせでいるのが、すぐやる人の人生です。

こうしたことをお話しすると、すぐやる人の人生は大変だなと思う人もいるかもしれませんが、実はそうではないのです（まあ、大変は大変かもですが（笑））。
わたし自身、**今では、これらの出来事すべてに感謝していますし、当時の自分に会えるなら、「よくあのとき、すぐに動いた！　ありがとう！」とハグして感謝を伝えたい**です。

なぜなら、あの頃、すぐやったからこそ、今のわたしがあるからです。

そしてあなたが今、どんな状況であれ、何歳であれ、どんな場所に住んでいようと、すぐやることで得られる失敗からの恩恵を受け取り、理想の人生に近づけることができると断言します。

失敗を受け入れれば、行動は早くなる

あの頃のわたしはすぐやる人でしたが、関わる人たちへの配慮が足りないすぐやる人でした。だから、いつまでも走り続けることができなくなる、大きなトラブルが連発していたのだと思います。

この本のタイトルにあるように、「神さまはすぐやる人が大好き」です。

ですが、人の気持ちがわからない人、配慮しないで、自分のことだけに猪突猛進

に突き進む人には、そうではないことを気づかせるために、トラブルや挫折という形で気づかせてくれるようです。

失敗から学び、謙虚になる。そこからまたすぐやる自分が再起動しますが、今度は行動の質が変わります。

上を向いて走りながらも、自分だけじゃなく、関わる人たちに意識が向いていきます。もちろん、相変わらず失敗はしますが、それは小さなことで、みんなとチカラを合わせれば必ず解決できることしか起きなくなります。

昔から失敗は、忌《い》み嫌われる存在でした。失敗に関することには誰も興味はなく、本屋さんに並んでいるのは、いつの時代もどうやって成功するかという本ばかりでした。

もし今、ここまで読んでくれたあなたに「失敗したいですか?」と聞いたら、あなたは「はい」と答えるでしょうか？

誰だって失敗はしたくありません。でも、ほとんどの人は気づいています。失敗は価値あるものであること、そして自分の人生にとっては必要で、愛すべき存在であることを。


すぐやる人は、失敗を受け入れます。

失敗を恋人のように愛しています。

すぐやる人は、失敗がもたらしてくれる恩恵を自分の成長、チカラに変えることができるのです。


すぐやる人には人間性が素晴らしい人が多いです。自分の夢や目標を追いかけながらも、いつも人を気にかけ、サポートする精神を持つ彼らの周りには、いつも幸せな人が集まってきます。

どうせすぐやる人になるなら、ハートフルなすぐやる人になりましょう。
今まさに、そんな人が自由で幸せな人生を送れる時代になりましたから。

3秒ですぐやる人になるコツ 26

失敗する自分を受け入れる

27

「幸運」はすぐやる人に訪れる

今できる最初の1歩は何か？

目の前のことを一生懸命やっていると、ある日、奇跡のような出来事が起きます。

ですが、人生を振り返ってみるとその奇跡が起きる直前には、大きなトラブルや八方塞がりのような、大きく沈む出来事が決まって起きるように思えます。

32ページでもお話しした、わたし自身の経験です。

あなたの参考になると思いますので、もう一度お話しさせてください。

以前、関わっていたある事業がありました。美容事業ですが、美容クリームの在庫を抱える必要があり、わたしの会社で在庫を2000個抱えていました。

あと払いの契約で、在庫のクリームは製造元の工場で保管でき、さらに在庫保証という約束で進めていましたが、ある日、その製造元と、連絡が取れなくなりました。

そこから数年後、突然ウチの会社に内容証明と請求書が届きました。

金額は2000万円でした。

そのときにかなり手の込んだ詐欺にあっていたことに気づきました。製造元の行方はわからず、弁護士に相談しましたが、支払い義務は完璧にウチの会社にあると言われました。

結果的に、2000万円を一括で払うことができず、わたしには800万円の借金と全財産49円だけが残りました。

突然、一文無しになり、かなりピンチでした。目の前が真っ暗になり、最悪のことを考える一歩手前まで精神状態は追い詰められていました。

そんなとき、思い出しました。歌手の矢沢永吉さんのエピソードです。

矢沢さんは、当時のビジネスパートナーに騙されて35億円の借金を背負いました。しばらくは酒に走り、自分を見失っていましたが、一念発起して借金を返済することを決意。音楽活動やドラマ出演などに精を出し、数年で完済されただけでなく、後に15億円のビルを建設されました。

規模が全く違いますが、当時のわたしを奮い立たせてくれるには十分すぎるエピソードでした。矢沢さんが借金返済のために当時やった最初の1歩はまずは、飲んだくれる自分をやめることでした。

わたしにとってのそれは、前にもお伝えしたとおり、妻に５０００円を借りることでした。

５０４９円からの再スタートは、１冊の本を買うこと、そして０円でできる人生相談でした。

価格は、お気持ち制度にして、目の前の人に対し、今できる全力を提供することに集中しました。

最初の報酬は７万円でした。

その次は、10万円、その次は８万円。

３万円、１．５万円、30万円と人生相談の報酬が続きました。

気づけば、新しい事業もいくつか生まれ、元に戻っていましたが、そのきっかけになったのもやはり、すぐやることでした。

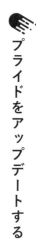

プライドをアップデートする

人は、それぞれ固有のプライドを持っています。

それはとても素晴らしいもので、決して否定するものではないと思います。

ただ、それに固執するあまり、新しい挑戦や、新しい世界へ旅立つことを、自分自身で止めている人も多いのが事実です。

また、**どん底のときには、これまでのプライドはほとんど役に立たないばかりか、致命的な結果をもたらす**こともあります。

人生を俯瞰したときに、誰にでも訪れるどん底は、成長のチャンスです。それを乗り越えたあとは、確実にあなたは人としてレベルアップしているのです。


わたしにとって妻にお金を借りることは、渋谷のスクランブル交差点で大声で歌うよりも、つらいことでした（10代の頃、実際ある研修でやったことがあります

（笑）。

お金に困っていることを仲のいい一部の人に打ち明け、助けを求めることも、それが原因で人生相談をやることでさえ、これまでの自分が抱えてきたプライドが邪魔をしていました。

ですが、先ほども書いたように、ここを乗り越えたら、成長することがわかっていました。**人に頼れない、つらいときに自分をさらけ出せないは、わたしにとっても人生の課題**でした。

この先、当分これ以上のどん底はないとなんとなくわかっていたので、ここをチャンスにすると決めました。勇気を振り絞ってやったことで、もしさらにマイナスになるなら、それもまた受け入れようと決めました。

人生が変わるときは、いいことも悪いことも起きる

実際、自分をさらけ出すことで、これまでのわたしの外側の部分で付き合っていた人たちは離れていきました。起業当初から仲のよかった経営者仲間には罵声を浴びせられたり、馬鹿にされたりもしました。

すぐやると、いろんなことが起きます。

現実的には、苦しいことやつらいことも起きます。

ですが、その後には必ず人生は今まで以上に好転していくのです。

今では、わたし自身、本当に自分がやりたいこと、届けたいことを仕事にし、利害を超えたところで付き合える最高の仲間たちに囲まれて幸せに過ごしています。

「プライドのアップデート」とは、これまでと守りたいものや大切にしたいことが

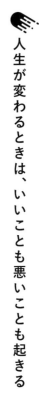

変わることです。
それを守るためにできる行動やあり方が変わることです。
すぐやる人は遅かれ早かれ、必ず幸運を手にします。

3秒で
すぐやる人に
なるコツ
27

自分をさらけ出し、プライドをアップデートする

28

すぐやる人はハッピーエンドを信じてる

どうせ、最後はハッピーエンド

刺激的な人生、穏やかな人生、あなたはどちらの人生が好みですか？

わたしたちは、誰もがオンリーワンの人生を歩んでいます。

もしこの地球を俯瞰して一人ひとりを見ることができたら、それぞれの色は赤の人もいれば青の人もいて、同じ色でも微妙に色合いは変わっていて、さまざまな色がグラデーションのように点在する世界に見えるでしょう。

たしかなことは、**わたしたちの人生は必ずハッピーエンドで終わる**ということです。

すぐやる人が行動的なのは、何をどうしても最後はハッピーエンドなのだから、限られたこの人生を味わい尽くそうという思いがあるからです。

言葉を選ばずに言いますが、わたしたちは、どうせ、死にます。
この地球に生まれた時点で、唯一確定しているのが、死ぬ、ということです。
わたしたちは、今を生きながら死へ向かっています。そのプロセスではいろんなことがありますが、最終は誰もがみんなハッピーエンドです。

あなたは、自分の人生が好きですか?
あなたは、自分の人生は自分の行動次第でいくらでも変えられることを知っていますか？

生まれてきた時点で、天文学的な倍率を通過してこの世界に生まれてきたことをあなたは知っていますか？


生きることや死ぬことについて、ある程度人生を進めると、途中で立ち止まり考えるときが来ます。それまでの経験がそうさせるのです。

わたしもこれまで、小学校の頃、両親が亡くなったり、友人を事故で亡くしたり、人間関係で大きなトラブルを抱えた経験を通じて、「死生観」のようなものが形成されてきた気がします。

ですが、いつも最後にたどり着くのは、「どうせ最後はハッピーエンドだろう」という自信です。

あなたの人生の主人公はあなた

人生の主人公は自分です。

たとえばですが、生まれる前に、もし、あなたが自分の人生のシナリオを書けるとすれば、どんな人生にするでしょうか?

何もない平凡な人生にするでしょうか?
ドラマのようなハラハラ・ドキドキのシナリオをつくるでしょうか?

生まれてから死ぬまでのプロセスは人それぞれ違って当たり前ですが、もしあなたが自分の人生を脚本するなら、最後は必ずハッピーエンドで終わりますよね。

そうだとするなら、この限られた人生を楽しまなくてはもったいないですよね。

どうせ、最後はハッピーエンドなら、今この瞬間、やりたいことを、チャレンジしたいことをやればいいですよね。

人生はどうせ、うまくいく

すぐやる人になると現実がどんどん動きます。

その分、今までよりもいろんな経験を通じて、いろんな感情も感じることでしょう。

そのすべては、まるで宝石のようにあなたの人生を輝かせてくれるものです。

すぐやる人になると、すべての経験は本当に無駄なものは一つもないんだってことがわかります。

現実が変わる経験をし続けることで、点と点が線になる感覚、その線がいつのまにか、あなたを中心として、人の縁（円）になっていることに気づきます。

人生の最後はハッピーエンドしかありえません。

大丈夫。

人生はどうせ、うまくいく。

そう信じることができたら、あなたは自然に、この世界を楽しみ味わい尽くすために「すぐやる人」になっているでしょう。

3秒ですぐやる人になるコツ 28

人生はどうせ、うまくいく。だから世界を存分に楽しみ尽くす

〔おわりに〕すぐやる人の人生は100%変わる

最後に、この本ができたきっかけを話したいと思います。

今から2年前、ある出版ゼミに通い出版を目指していましたが、わたしは同期の37人の中でダントツに落ちこぼれでした。

名だたる出版社から12名の超一流の編集者が集まり、プレゼン大会をしたときも、わたしの企画に手を上げてくれる人は一人もいませんでした。

でも、なぜか後悔はありませんでした。わたしはわたしなりにやりきった自負があったからです。懇親会では、最後に同期のみんなと楽しく過ごしたいと思い、たくさん食べてたくさん飲んでたくさん笑っていました。

するとあるとき、懇親会場が揺れました。それは地震ではなく、ある一人の編集者の方が、わたしに興味があると声をかけてくれたからです。

それが、この本ができるまでの2年間、さまざまなサポートをしてくださった、すばる舎の上江洲編集長でした。

本番のプレゼン大会で惨敗したわたしが、選ばれるはずがなかったのはわかっていました。わたしが誰からも手が上がらなかったことを、同期のゼミのみんなは知っていて、それで最後に大きく祝ってくれたこともわかっていました。

でも、わたしにはそれがとても嬉しくて、どうにか恩返しできないかを必死で考えました。考えた末の当時のわたしが決めたのは「奇跡を起こすこと」でした。

神さまはすぐやる人が大好き。

自分の人生を通じて、これは確信でした。

だから、わたしは、奇跡を起こすために、誰よりも早く動くと決めました。懇親会が終わり、5日後には上江洲編集長と面談の機会をいただきました。

勝算なんてあるわけがありません。わたしにできることは、自分の思いを伝えることだけでした。

1時間ほど経ったころ、ふと上江洲さんから「よし、やりましょう」と言われました。あまりに唐突すぎて、「……へっ?」と聞き返してしまったのを、今でも覚えています。

「出版、決定、、ですか?」

「はい、一緒にやりましょう!」

「う、、うおーーー!!! やった!!! ありがとうございます!!!」

池袋にあるルノアールで、奇跡が起きた瞬間でした。結果的に、わたしは出版ゼミの中で最速で出版が決定したのです。

それからの2年、文字数にすると30万文字以上の原稿を書きました。上江洲さんから言われたことは、最速ですべてやり遂げました。

それでも不器用なわたしは、上江洲さんにたくさんの迷惑をかけてしまったと思います。最後まで笑顔で支えてくれた上江洲さんには感謝しかありません。

神さまはすぐやる人が大好き。

このタイトルも上江洲さんからいただきました。渋谷のホテルのラウンジではじめて聞かされたとき、2年間の思い出がよみがえり、泣いてしまいました。


すぐやる人の人生はドラマティックな出来事で満載です。

もちろん、肉体と感情のあるわたしたちには大変だなと思うことや、つらいこともあります。

でもいつしか、こう思うようになりました。

「この人生の物語はあらかじめ自分が脚本してきたのではないか」と。

「大変」のあとには、いつも「最高」がありました。

孤独を感じたあとは、いつも周りに助けられてきました。

何よりも自分の内側には、いつなんどきでも、揺るがずに応援してくれるもうひとりの自分がいる。そんなことが確信に変わっていきました。

本編でも書きましたが、わたしたち人間の人生は、ハッピーエンドが当たり前です。そしてそのプロセスでは、たくさんの出会いや別れ、成功や失敗、感情の揺らぎ、言葉では言い表せないくらいの感動を体験します。

すべてが宝物で、わたしはそれらを総称して、「星のカケラ」と呼んでいます。

人生は「星のカケラ」を集める旅。すべてを集めるプロセスで幸せであることが日常になり、「星のカケラ」を集め終えたあと、ハッピーエンドで人生の幕を閉じるのです。

わたしたちは、神さまから「考えること」と「行動できる特権」を与えられました。それをもって、この人生をどう生きるかは、わたしたち自身に委ねられています。

より感動的な出来事。

最高の出会い。

見たことのない景色。

人と人が紡ぎ合う感動的な物語を体験したいのなら、わたしたちが今やれることは、はじめの1歩を踏み出すこと。そして、また次、そのまた次と1歩を踏み出し続けることです。

神さまはすぐやる人が大好き。

この本を通じて、あなたが人生をより豊かにする1歩を踏み出すきっかけになれば本当に嬉しいです。

この世界はとても広いです。あなたにはまだまだ、人生を豊かにできる可能性があります。

すべては生まれる前の自分が創ったシナリオどおり。

これまでの人生も、この本に出会ったことも、そこから人生を大きく変えていくことも、すべて、です。

この本を閉じたあとにはじまる、あなたの新しい物語。

些細な1歩はとても崇高で偉大な1歩です。
すぐやるあなたの人生は、必ず変わります。

いつかどこかで会えるといいな。
そのときは「『神好き』読みました！」って声をかけてください！
この本を手にとっていただいて、本当に、本当に、本当にありがとうございました。
小笠原諸島へ向かう「おがさわら丸」船内より。

トミーこと、赤塚智高

赤塚智高（あかつか・ともたか）

1979年、福島県いわき市生まれ。イノセントワールド株式会社代表取締役。

中学生の頃、「キャプテン翼」「L'Arc～en～Ciel」「父親のゴールドカード」に憧れ、人生の道を「サッカー選手」「歌手」「社長」の3択に絞る。根拠のない自信のみで、とにかく行動だけは続けたが、17歳でサッカー選手、21歳で歌手を挫折。ある日、たまたま見たブログでインターネットビジネスの存在を知り、3秒で「これだ！」と決め、起業。2007年9月、仕事や家庭、恋愛など日常のあらゆる面で、女性が今よりもっと輝く世界を創るため、イノセントワールド株式会社の前身となる会社を起ち上げ、28歳で社長になる。

その後、8社中7社、会社を潰すなど紆余曲折はあったものの、「3秒で動く行動力」で、神さまが味方しているのではないかというほどの幸運と仲間に恵まれ、数々の窮地を乗り切る。

出版業界やエンタメ業界でのイベントプロデュースやブランドマネージャーなど、14年間で生み出したプロジェクトは31、売上は20億円以上に及ぶ。

現在は、7つのオンラインサロンをプロデュースし、サロンメンバーはのべ1600人を超える。女性が本来の姿で輝くには男性がナイトのようにサポートすることが必要だと考え、男女ともに才能を開花し、能力を発揮できるあり方【ナイト論】を提唱。

と同時に、能力を発揮できないでくすぶっている人のハートに火をつけ、「行動させるプロ」として、のべ1.5万人以上に「3秒で動く価値」を日々伝えている。

趣味は「奇跡を起こすこと」。ニックネームはトミー。本書がデビュー作。

神さまはすぐやる人が大好き。

2021年4月23日　第1刷発行

著　者　赤塚智高
発行者　徳留慶太郎
発行所　株式会社すばる舎
〒170-0013　東京都豊島区東池袋3-9-7　東池袋織本ビル
TEL　03-3981-8651（代表）　03-3981-0767（営業部）
FAX　03-3981-8638
https://www.subarusya.jp/

印刷所　シナノ印刷株式会社

落丁・乱丁本はお取り替えいたします

ISBN978-4-7991-0969-4